L'ARNAQUE DE LA VOITURE PROPRE

« Alerte » une collection créée par Jean-Pierre Guéno
et dirigée par Franck Spengler
Photo de couverture : © Shutterstock

34-36, rue La Pérouse
75116 - Paris
www.hugoetcie.fr

ISBN : 9782755686500
Dépôt légal : juin 2021
Imprimé en France par Corlet
N° d'imprimeur : 21080084

NICOLAS MEUNIER

L'ARNAQUE DE LA VOITURE PROPRE

ALERTE
Hugo Doc

AVANT-PROPOS

Tout porte à croire que la voiture électrique est une voiture propre. Les publicités, les discours politiques, les réglementations. C'est oublier que la voiture propre est un fantasme. Tout objet, automobile ou non, a un impact environnemental lors de sa production, comme lors de son usage.

Ce livre n'est pas là pour dénigrer la voiture électrique. Pas plus pour la présenter comme la solution à tous nos problèmes. Il existe des partisans farouches des deux thèses, tous sont de mauvaise foi. La vérité n'est pas binaire, la variété des modèles, des technologies et des automobilistes rend la problématique complexe. On ne peut pas faire d'écologie sans prendre en compte les enjeux économiques et sociétaux. On ne peut pas faire d'écologie en ne prenant en compte qu'une petite partie des paramètres comme base de réglementation.

Pour un automobiliste, choisir la bonne voiture, c'est se poser de nombreuses questions, car elle représente un budget important. Pour les politiques, la voiture suscite de nombreuses questions, car elle déchaîne les passions pour elle et contre elle. À une époque où le populisme et l'émotion dominent dans la communication, il convient de se poser les bonnes questions. Et d'admettre qu'il n'est pas toujours possible de vouloir tout normaliser. La transition automobile voulue à marche forcée pourrait, si on n'y prend garde, avoir l'effet inverse de celui recherché.

CHAPITRE 1

RÉGLEMENTATION, L'OBSESSION DU CO_2

Septembre 2015. C'est le mois où le sort de l'industrie automobile a basculé, la date à partir de laquelle les constructeurs ont perdu leur crédibilité et leur influence auprès des pouvoirs publics. En plein Salon de l'automobile de Francfort, une bombe éclatait : le monde apprenait que le Groupe Volkswagen avait installé un logiciel truqueur sur ses modèles équipés du moteur quatre-cylindres diesel EA189 (ce qu'on a appelé le « Dieselgate »). Ce programme informatique, intégré à la gestion du moteur, était capable de reconnaître les situations où les véhicules étaient en phase de test, pour adapter le fonctionnement du moteur et diminuer les émissions polluantes, moyennant une dégradation des performances. En dehors, le moteur délivrait plus de couple... et dépassait le seuil d'émissions réglementaire. Le pot aux roses, révélé par l'ONG américaine International Council on Clean Transportation, a déclenché un scandale sans précédent : Volkswagen a avoué qu'environ 11 millions de voitures produites sous quatre de ses marques (Volkswagen, mais aussi Audi, Seat et Skoda), étaient concernées.

Mais comment cela est-il techniquement possible ? L'explication est à chercher du côté de la réglementation et du protocole de mesure des émissions polluantes. Que ce soit en Europe, en Amérique du Nord ou au Japon, tous les constructeurs doivent se soumettre au même cycle de mesure de référence, invariable, pour que tous les nouveaux modèles sur le marché soient mis sur un même pied d'égalité. En Europe à l'époque, c'est le cycle NEDC (New European Driving Cycle) qui faisait alors référence, remplacé depuis par le WLTP (Worldwide harmonized Light vehicles Test Procedues). Celui-ci est extrêmement précis : lors des mesures, ce cycle doit être effectué à une température comprise entre 20°C et 30°C. Il est rigoureusement chronométré, les changements de vitesses (pour les modèles à boîte manuelle) doivent être effectués à des instants précis, les accélérations et vitesses atteintes correspondent à des paliers déterminés. Une première partie, répétée quatre fois, entend représenter une conduite en milieu urbain. La dernière correspond à un roulage sur route et voie rapide. L'ensemble dure un peu mois de vingt minutes, et correspond à une distance de 11 km environ. Voilà une belle partition qui sert de référence aux constructeurs comme au législateur : ce cycle NEDC était le seul et unique juge de paix pour mesurer les émissions d'une voiture.

Le souci d'une partition trop parfaite, c'est qu'elle ne laisse aucune place à l'interprétation. Imaginez qu'un étudiant au conservatoire sache à l'avance que son examen de fin d'études ne portera que sur la *Petite musique de nuit* de Mozart. Pensez-vous qu'il travaillera d'arrache-pied les *Nocturnes* de Chopin ? Les constructeurs ont donc optimisé les calibrages de leurs moteurs et orienté le développement des technologies pour le test NEDC. C'était un secret de Polichinelle dans l'industrie : il était notamment admis que les boîtes automatiques disposaient d'un calibrage spécifique pour contenir au maximum les émissions et la consommation lors des mesures. Entre optimisation et tricherie, la limite est extrêmement floue. En Europe certes, aux États-Unis beaucoup moins, où la loi prévoyait le cas d'un « defeat device », autrement dit un logiciel truqueur, explicitement interdit. Voilà qui a causé la perte du Groupe Volkswagen.

Dans de nombreux pays, les tests se sont multipliés après l'éclatement du scandale Volkswagen. Souvent, à la demande des autorités, avec des véhicules de toutes marques et selon les protocoles les plus divers. Sont alors ressortis les bons et les mauvais élèves, notamment concernant les émissions d'oxydes d'azote, polluant sur lequel le logiciel Volkswagen, conçu avec Bosch, était particulièrement focalisé. Souvent, les conditions de test choisies lors de ces « campagnes-vérité » étaient plus sévères que le cycle NEDC, unanimement reconnu comme trop peu exigeant pour être réaliste. Si bien que les dépassements ont été constatés sur la quasi-totalité des modèles, à des degrés divers. Certains constructeurs, à l'image de Renault, exploitaient les limites de la réglementation. Le constructeur au losange s'est engouffré dans la « fenêtre thermique », avec un protocole d'homologation qui stipule que les systèmes de dépollution peuvent être débrayés sous 17°C. Une autre forme d'optimisation qui permet de disposer de systèmes de dépollution moins coûteux. Mais le flou entre tricherie et optimisation, qui se tenait autrefois dans la discrétion des laboratoires, a cette fois éclaté au grand jour. Les constructeurs ont tous été mis dans le même bain, perdant la confiance des pouvoirs publics.

Depuis le début des années 1990, les normes Euro décidées par l'Union européenne, appliquées aux véhicules légers, réglementent les émissions à l'échappement de quatre polluants : les oxydes d'azote (NO_x), les hydrocarbures imbrûlés (HC), le monoxyde de carbone (CO) et les particules fines, tous mesurés sur le cycle NEDC. Le CO_2, qui est un gaz à effet de serre et non un polluant à proprement parler, n'est pas réglementé par ces normes. Le cycle NEDC sert toutefois de mètre étalon pour définir les valeurs d'émissions de CO_2 affichées sur les fiches techniques des constructeurs.

Ce sont les États qui, par diverses politiques de lutte contre le réchauffement climatique, ont accéléré une baisse déjà amorcée par les constructeurs : car les émissions de CO_2 sont directement indexées sur la consommation de carburant, qui est un véritable critère d'achat pour le client. Avant même les premières politiques d'incitations fiscales (le système de bonus-malus en fonction du grammage de CO_2 est apparu en France en 2008), on constate une baisse douce mais constante, année après année, des émissions moyennes de CO_2 de l'ensemble des voitures neuves immatriculées. Que ce soit en France ou au niveau européen. Puis l'incitation fiscale a porté ses fruits, en touchant au portefeuille du client, mais surtout à sa psychologie : nombreux sont les acheteurs qui rechignent, pour le principe, à payer une taxe supplémentaire, même si celle-ci est moins chère qu'une option peinture métallisée. Les progrès technologiques sur les moteurs ont également apporté leur pierre à l'édifice. Si bien que l'objectif d'une moyenne de 130 g/km voulu par l'Union européenne en 2015 n'a été qu'une formalité à atteindre.

L'échéance de 2020, fixée à 95 g/km, était un tout autre défi. De 2000 à 2005, les émissions de CO_2 moyennes des voitures neuves ont baissé de 10,3 g/km. Puis de 22,1 g/km entre 2005 et 2010 et 20,8 g/km entre 2010 et 2015. Cette fois, les instances européennes ont exigé une baisse de 24,5 g/km sur cinq ans. Voire, si on s'en remet à l'objectif précédemment fixé pour 2015, une chute de 35 g/km. Voilà qui démontre une volonté manifeste de la part de l'Union européenne de tordre le bras à la baisse naturelle des émissions, de l'accélérer. Le défi est d'autant plus contraignant pour les constructeurs que l'optimisation des technologies sur les moteurs à combustion finit par atteindre une asymptote : il est devenu de plus en plus difficile de peaufiner ce qui était déjà très optimisé. Sans compter que le scandale des diesels truqués de Volkswagen a jeté l'opprobre sur ce carburant. Certes, pour 1 litre consommé, un moteur diesel émet plus de CO_2 (des émissions de 115 g/km correspondent à une consommation de 4,4 l/100 km de gasoil, contre 5,1 l/100 km d'essence), mais les consommations inférieures des moteurs diesel du fait de leur meilleur rendement leur donnent l'avantage, pour des modèles de gabarit et puissance équivalents. Voilà pourquoi les décisions politiques prises après ce « Dieselgate » (annonces d'interdiction des moteurs diesel dans certaines villes par exemple) ont contribué à enrayer le cercle vertueux de la baisse des émissions de CO_2 globales. Les clients effrayés par l'avenir se sont rabattus plus massivement vers les moteurs essence. Voilà qui a entraîné directement une remontée des émissions à partir de 2017.

Améliorer les technologies existantes des moteurs thermiques ne suffisait plus, il fallait aller plus loin. Toyota, avec sa gamme hybride (débutée avec la Prius, au Japon en 1997 et en 2000 ailleurs), a trouvé un biais intéressant. Un moteur électrique récupère l'énergie à la décélération, la stocke sous forme d'électricité dans une batterie, pour la restituer à l'accélération, lorsque le rendement du moteur essence est le plus mauvais. De quoi singulièrement diminuer les consommations, surtout en milieu urbain où les changements d'allure sont fréquents.

À vitesse stabilisée, le résultat est moins probant. Car il n'existe toujours qu'une seule et unique source d'énergie pour mouvoir la voiture : le carburant introduit dans le réservoir, qui se transforme inévitablement en gaz d'échappement. En somme, l'hybridation demeure une optimisation du moteur thermique. Très efficace certes, mais insuffisante pour atteindre les objectifs européens.

La difficulté provient des lois de la physique. Pour mouvoir un véhicule à une vitesse donnée, il faut une quantité d'énergie incompressible, qui varie en fonction de plusieurs paramètres, dont la masse et l'aérodynamique. En choisissant de mesurer les émissions à l'échappement, c'est la transformation de l'énergie (de carburant en mouvement mécanique lors de la combustion) à bord du véhicule que le législateur a décidé de surveiller : le rendement, c'est-à-dire la part d'énergie effectivement utilisée pour entraîner le véhicule, d'un moteur thermique n'est que de 30% à 40%, dans ses meilleures phases de fonctionnement. Le meilleur moyen de contourner le problème est de choisir un autre type d'énergie, déjà transformée. C'est le cas de l'électricité : lorsqu'elle arrive dans une voiture, l'éventuelle pollution qu'elle a générée est derrière elle, puisqu'elle a eu lieu dans une centrale, dont le rendement n'excède pas lui non plus 30% à 40%, qu'il s'agisse d'une centrale thermique ou nucléaire. Quant au moteur électrique, son rendement est de 90% environ. Une aubaine ! Voilà une énergie qui échappe aux réglementations contraignantes sur la pollution. Entre la batterie et les roues, nul besoin de faire d'effort pour économiser l'énergie, il n'y a tout simplement pas de législation sur le sujet, même si le rendement sur toute la chaîne énergétique est à peu près semblable. Car les voitures électriques sont considérées comme « zéro émission », une rhétorique plus heureusement révisée en « zéro émission locale » sous la pression d'associations écologistes. Quant aux véhicules hybrides rechargeables, ils cumulent les deux sources d'énergie (carburant fossile et électricité, avec une batterie que l'on peut recharger sur une prise de courant), ce qui leur permet plus aisément de diminuer leurs émissions sur les protocoles d'homologation officiels. Voilà pourquoi les voitures électriques et, dans une moindre mesure, les hybrides rechargeables sont présentées comme une solution idéale. Tout simplement parce que la pollution générée par une partie de l'énergie qui sert à les mouvoir a été écartée de l'équation.

Année	Émissions CO_2 moyennes Europe
2000	172,1 g/km
2001	169,7 g/km
2002	167,2 g/km
2003	165,5 g/km
2004	163,4 g/km
2005	162,4 g/km
2006	161,3 g/km
2007	158,7 g/km
2008	153,5 g/km
2009	145,7 g/km
2010	140,3 g/km
2011	135,7 g/km
2012	132,3 g/km
2013	126,7 g/km

2014	123,4 g/km
2015	119,5 g/km
2016	118,1 g/km
2017	118,5 g/km
2018	120,8 g/km
2019	122,4 g/km
2020	97 g/km*

Source : European Environment Agency, *ICCT

Année	Émissions CO_2 moyennes France
2000	162 g/km
2001	156 g/km
2002	155 g/km
2003	155 g/km
2004	153 g/km
2005	152 g/km
2006	149 g/km
2007	149 g/km
2008	140 g/km
2009	133 g/km
2010	130 g/km
2011	127 g/km
2012	124 g/km
2013	117 g/km
2014	114 g/km
2015	111 g/km
2016	110 g/km
2017	111 g/km
2018	112 g/km

2019	112 g/km
2020 (de janvier à octobre)	98,1 g/km

Source : ADEME

LES NORMES CAFE POUR CONTRAINDRE LES CONSTRUCTEURS

L'objectif d'une moyenne de 95 g/km fixé par l'Union européenne pour toutes les voitures immatriculées est contraignant. Car ce qui est couramment appelé norme CAFE (pour Corporate Average Fuel Economy, d'après une réglementation similaire en vigueur aux États-Unis depuis 1975) s'accompagne de lourdes amendes : tout constructeur qui dépasse son objectif se voit infliger une amende de 95 € par gramme de dépassement, multiplié par le nombre de véhicules vendus. Autant dire que, pour les plus grands constructeurs (le Groupe Volkswagen vend aux environs de 4 millions de véhicules chaque année en Europe), le moindre pas en dehors des clous peut se chiffrer en milliards d'euros. Alors, certes, il y a des souplesses, pour rendre l'objectif moins difficile à atteindre. En 2020, première année de ce système, les 5% de véhicules les plus émetteurs sont exclus du calcul. Il est également possible de créer des associations entre constructeurs : FCA (Fiat Chrysler Automobiles) – dont la gamme ne disposait en 2020 en Europe d'aucun modèle électrique, ou hybride rechargeable dans sa gamme, à même de faire baisser la moyenne – a ainsi formé une alliance avec Tesla, pour que les voitures électriques californiennes soient comptées dans sa flotte. Un « service » qui coûte cher : FCA aurait versé deux milliards d'euros à Tesla en échange. Également, le montage de certains équipements à même de faire baisser la consommation peut être pris en compte, pour accorder quelques crédits supplémentaires.

C'est le cas par exemple des phares à LED, moins énergivores que les halogènes. Mais comme les phares ne sont pas en marche lors des mesures d'homologation normalisées, leur impact sur la fiche technique est nul. L'Union européenne a trouvé là un moyen de récompenser certaines innovations technologiques qui ont un impact sur la consommation en usage réel, ce qui peut permettre aux constructeurs de gagner jusqu'à 7 g/km. Enfin, pour favoriser la montée en puissance des modèles à faibles émissions (moins de 50 g/km, c'est-à-dire des électriques ou hybrides rechargeables), ceux-ci comptent double dans le calcul en 2020, coefficient ramené à 1,67 en 2021 et 1,33 en 2022.

Il n'empêche que l'objectif est un casse-tête pour tous les constructeurs automobiles. Car il ne suffit pas de proposer des modèles à faibles émissions au catalogue : encore faut-il que les clients les achètent, pour qu'ils entrent en compte dans le calcul de la moyenne ! Et la difficulté est la même pour toutes les marques. Car l'objectif de 95 g/km n'est qu'une moyenne affectée à l'ensemble de l'industrie automobile. Chaque groupe dispose de son propre chiffre à atteindre (voir tableau plus loin). On aurait pu penser que Suzuki, avec ses petites voitures légères et naturellement sobres, n'aurait aucune peine à relever le gant. Que nenni : c'est une cible à 85 g/km qu'il s'est vu attitrer ! À l'autre extrémité, Volvo et ses modèles haut de gamme plutôt lourds doit s'en tenir à 109 g/km... Sachant qu'il est bien plus facile d'éponger le surcoût des technologies d'électrification sur des modèles chers. C'est ainsi que Volvo a développé ces dernières années une gamme hybride rechargeable assez large. Suzuki, quant à lui, a dû limiter les ventes de son petit 4x4 Jimny pour ne pas plomber sa moyenne. En somme, les meilleurs élèves sont pénalisés...

Le cas du Suzuki Jimny n'est pas isolé. Nombreux ont été les constructeurs à supprimer de leur catalogue des modèles ou motorisations qui pouvaient faire monter leur moyenne. C'est notamment le cas de modèles sportifs, comme par exemple la Peugeot 308 GTI. À ce titre, toutes les sportives ne sont pas logées à la même enseigne : les marques produisant moins de 10 000 voitures par an (c'est par exemple le cas de Lamborghini, Aston Martin ou McLaren) ne rentrent pas dans le cadre de la réglementation CAFE. Mais les sportives, chères, génératrices de marges et produites en des volumes souvent faibles, parviennent tout de même à maintenir leur position dans la plupart des catalogues. Plus surprenant, ce sont les petites voitures d'entrée de gamme qui sont les premières victimes. Ces dernières années ont disparu les Opel Karl et Suzuki Celerio. On annonce prochainement la fin des Peugeot 108 et Citroën C1. Dans le même temps, les Seat Mii, Skoda Citigo, Smart Fortwo et Forfour ont éliminé les versions essence de leur catalogue. Pourtant, il s'agit là de voitures légères, dotées de petits moteurs, et donc aux faibles consommations en usage réel. Mais même une sobre Kia Picanto est de trop : avec 114 g/km, elle est déjà 20 g/km au-dessus de l'objectif assigné à Hyundai-Kia. Ajouter des technologies d'électrification sur ces modèles bon marché, générant donc de faibles marges, ne serait pas rentable. De nombreuses marques préfèrent les éliminer de leur offre. Si l'appétit d'oiseau des petites voitures en conditions réelles est avéré, elles ont le malheur d'être mal servies par un cycle de mesures qui ne représente pas la diversité des conditions de conduite réelles. Car la généralisation de technologies comme les turbos, systèmes de roues libres sur les boîtes automatiques, et autre alterno-démarreurs actifs ont tendance à creuser les écarts entre les styles de conduite, d'autant plus sur les modèles lourds ou puissants. Donc entre les conditions réelles et la fiche technique. Ce qui est beaucoup moins le cas des petites voitures de conception plus simple, intrinsèquement sobres par leur faible masse. Elles sont les victimes injustes.

« Sans la voiture électrique, nous n'aurions aucune chance d'atteindre notre but », déclarait Jürgen Stackmann, membre du directoire du Groupe Volkswagen pour les ventes et le marketing, au micro de *Challenges* début 2020. Voilà pourquoi le constructeur allemand a misé gros sur le développement d'une architecture technique spécifique, la plateforme MEB (Modulärer E-Antriebs Baukasten) utilisée par l'ID.3, modèle électrique de la taille d'une Golf qui porte tous les espoirs de la marque. À terme, ce sont des dizaines de modèles vendus sous cinq marques (Volkswagen, Audi, Seat, Skoda et Cupra) qui utiliseront la plateforme MEB. Ce n'est pas un cas isolé : l'année 2020 a marqué une véritable offensive commerciale des constructeurs automobiles sur le marché des électriques et des hybrides rechargeables. Une flambée qui s'est traduite dans les ventes, ces deux catégories cumulées ayant progressé de 137%, dans un marché pourtant en recul de 20% à cause de l'épidémie de coronavirus. L'offre, de plus en plus large et pertinente, a suscité la demande, mais les constructeurs ont également mis toutes les chances de leur côté, notamment en repoussant volontairement à 2020 les livraisons d'un certain nombre de modèles électriques commandés par les clients en 2019, pour qu'ils puissent favoriser le calcul de leur moyenne de CO_2. Si bien que, pour la majorité des constructeurs, l'objectif a pu être atteint.

Objectif de CO_2 2020 par constructeur

Constructeur	Objectif
Suzuki	85 g/km
PSA	92 g/km
Renault	92 g/km
Hyundai/Kia	94 g/km
FCA/Tesla	94 g/km
Nissan	95 g/km
Toyota/Mazda	95 g/km
Groupe Volkswagen	97 g/km
Ford	98 g/km
Daimler	102 g/km
BMW	103 g/km
Volvo	109 g/km
Jaguar/Land Rover	132 g/km

Source : International Council on Clean Transportation/Transport & Environment

MALUS ET TVS POUR ORIENTER LE CLIENT... PARFOIS À TORT

Si les normes CAFE orientent l'offre des constructeurs, la fiscalité oriente le choix du client dans de nombreux pays. Qu'il s'agisse de primes à l'achat de certains modèles, de surtaxes sur d'autres ou de subventions pour l'envoi à la casse d'une voiture considérée comme polluante, de nombreux leviers existent. À ce titre, la France est un des pays d'Europe où les incitations sont les plus fortes, qu'il s'agisse de bonus pour les voitures électriques (6000 €), de prime à la conversion (jusqu'à 5000 €) ou, à l'inverse, de malus pour les véhicules aux émissions de CO_2 les plus élevées (voir tableau plus loin). Ici aussi, c'est le seul critère du CO_2 émis à l'échappement qui est choisi comme base pour la fiscalité. Le système de bonus-malus s'applique à tout le monde lors de l'achat ou la location longue durée d'une voiture neuve. Les entreprises qui immatriculent une voiture en leur nom doivent en plus s'acquitter de la TVS (Taxe sur les Véhicules de Société), également calculée sur la base des émissions de CO_2 à l'échappement (voir tableau plus loin).

Ce dispositif fiscal (TVS et bonus/malus) favorise évidemment les modèles électriques, mais aussi les hybrides rechargeables. Car le cas de ces modèles, qui peuvent rouler grâce à deux sources d'énergie (le carburant contenu dans le réservoir ou l'électricité de la batterie, qu'il est possible de charger sur une prise électrique) est particulièrement intéressant. La logique voudrait que, ayant deux modes de fonctionnement, les caractéristiques soient représentées par plusieurs valeurs liées à chacun de ces modes. Par exemple, l'autonomie en mode tout électrique et la consommation de carburant et les émissions de CO_2 à l'échappement en mode hybride, batterie vide. Mais, dans une volonté de simplification, le législateur a choisi d'appliquer une pondération entre les deux modes, pour n'afficher qu'une unique valeur de consommation et CO_2. Cette consommation normalisée se calcule selon la formule suivante, où $C_{hybride}$ représente la consommation batterie vide sur le cycle normalisée, et A l'autonomie en mode électrique.

$$C_{normalisée} = (25 \times C_{hybride})/(25 + A)$$

Cette modélisation entend représenter la consommation moyenne d'un utilisateur qui rechargerait régulièrement sa batterie. Beau miroir aux alouettes, tant les usages sont différents d'un client à l'autre. Surtout, ce calcul a un effet pervers : en partant du principe que l'usage en mode électrique est prépondérant, il diminue aussi fortement qu'artificiellement le grammage de CO_2 normalisé. Un exemple : le BMW X3 avance des émissions de CO_2 normalisées comprises entre 43 g/km et 58 g/km en version hybride rechargeable xDrive30e, alors que celles-ci s'élèvent à une tranche de 176 g/km à 197 g/km pour la version xDrive20i, dotée du même moteur quatre-cylindres essence non hybridé. Il suffit de regarder les tableaux ci-après pour constater que la différence de fiscalité est colossale ! Pourtant, l'hybride rechargeable est nettement plus lourd : 2065 kg contre 1810 kg. Voilà qui rend manifeste que l'impact écologique d'une partie de l'énergie (l'électricité donc) passe à travers les mailles du filet. Dans le cas présent, cela se double d'une hypothèse hasardeuse sur l'usage du véhicule.

Car il y a la théorie et la réalité des faits. À disposer d'une fiscalité aussi outrageusement avantageuse, les modèles hybrides rechargeables sont vite devenus les favoris des entreprises, choix de prédilection pour les patrons de PME et cadres supérieurs. Pour les comptables, un seul critère entre en jeu : le TCO (Total Cost of Ownership, soit le coût d'usage du véhicule). Autrefois, le diesel était favori pour sa faible consommation et sa TVA récupérable. Aujourd'hui, il est plombé par le malus et la TVS. Cette fiscalité fait passer à l'hybride rechargeable des automobilistes qui n'ont à disposition aucune infrastructure de charge, que ce soit à domicile ou sur leur lieu de travail. Alléchés par le rabais, ils optent pour des véhicules qui ne correspondent pas à leurs besoins. Car nombreux sont ceux qui, ne disposant d'aucun point de charge à domicile, roulent sans jamais recharger la batterie : chez certains constructeurs, les préparateurs qui réceptionnent les voitures en fin de contrat de leasing constatent assez régulièrement que les câbles de charge n'ont jamais été sortis de leur emballage... Voilà qui est très, très loin de l'hypothèse idyllique du calcul de la norme européenne ! Pire, malgré l'apport du moteur électrique qui est censé soulager le thermique lors des phases d'accélération, la plupart des hybrides rechargeables surconsomment lorsqu'ils roulent batterie vide par rapport à un modèle essence ou diesel équivalent. Une dérive constatée à plusieurs reprises lors d'essais. Pour reprendre l'exemple du BMW X3, nous avons constaté une moyenne supérieure à 10 l/100 km sur un parcours mêlant tous types de routes. Soit environ 2 l/100 km de plus que son équivalent à moteur diesel, la version xDrive20d. Le constat est identique sur nombre de modèles : les chiffres sont proches sur les DS 7 Crossback et Peugeot 3008.

Pire, ce calcul absurde de consommation moyenne et d'émissions de CO_2 conduit même parfois à empirer les choses. Car pour satisfaire une clientèle qui cherche avant tout un véhicule luxueux, puissant et défiscalisé, les constructeurs peuvent jouer sur un paramètre : la taille de la batterie. Plus celle-ci est importante, plus la consommation et les émissions de CO_2 seront faibles ou, pris autrement, plus il est possible d'installer un gros moteur glouton sans altérer la fiscalité. Voilà comment BMW est parvenu à faire chuter la consommation sur cycle de son gros X5 : l'ancienne génération était donnée pour 3,3 l/100 km, la nouvelle pour 2,0 l/100 km. Pourtant, le moteur est passé de quatre à six-cylindres et la puissance cumulée de 313 ch à 394 ch. C'est un régal à conduire ! Mais si on ne remplit jamais la grosse batterie de 24 kWh (équivalente à celle d'une Renault Twingo 100% électrique, alors que l'ancienne mouture se contentait de 9,2 kWh), la consommation est en forte hausse d'une génération à l'autre : nous avons relevé des moyennes respectives entre le nouveau et l'ancien modèle de 11,3 l/100 km et 10,3 l/100 km sur autoroute, et même 14 l/100 km contre 10,6 l/100 km auparavant en ville. Colossal ! Le plus paradoxal, c'est que la version diesel M50d, forte de 400 ch sans électrification, consomme bien moins sur autoroute : 9,1 l/100 km selon nos relevés. Pour les gros rouleurs, il est manifeste que le diesel demeure la solution optimale pour diminuer la consommation et les émissions de CO_2.

Et si nous avons choisi de démontrer l'expérience sur des véhicules haut de gamme, c'est que les écarts se creusent avec des modèles lourds, ce qui rend les chiffres plus parlants. Le constat est identique, quelle que soit la catégorie de véhicules : s'il existe plusieurs types de motorisation, c'est que chacune a ses avantages et ses inconvénients. Pourtant, le diesel est voué aux gémonies alors que l'hybride rechargeable est porté aux nues.

En mêlant des hypothèses hasardeuses dans le calcul et une pointe d'idéologie héritée des conséquences du Dieselgate (par exemple, en France, les hybrides rechargeables diesel n'ont pas droit aux exemptions de TVS des hybrides rechargeables essence), le dispositif fiscal actuel supprime la possibilité de choisir. C'est une forme de pensée unique, qui désigne les modèles électrifiés comme la solution à privilégier. Alors même que cela peut, dans certains cas, s'avérer contre-productif comme nous venons de le montrer. Et cela sans même prendre en compte la fabrication plus polluante des modèles à batterie, que nous allons aborder dans le chapitre suivant.

Barême du malus CO_2 en France

Grammage CO_2	Malus 2021	Malus 2022	Malus 2023
123 g/km	0 €	0 €	50 €
124 g/km	0 €	0 €	75 €
125 g/km	0 €	0 €	100 €
126 g/km	0 €	0 €	125 €
127 g/km	0 €	0 €	150 €
128 g/km	0 €	50 €	170 €
129 g/km	0 €	75 €	190 €
130 g/km	0 €	100 €	210 €
131 g/km	0 €	125 €	230 €
132 g/km	0 €	150 €	240 €
133 g/km	50 €	170 €	260 €
134 g/km	75 €	190 €	280 €
135 g/km	100 €	210 €	310 €
136 g/km	125 €	230 €	330 €
137 g/km	150 €	240 €	360 €
138 g/km	170 €	260 €	400 €
139 g/km	190 €	280 €	450 €
140 g/km	210 €	310 €	540 €
141 g/km	230 €	330 €	650 €
142 g/km	240 €	360 €	740 €
143 g/km	260 €	400 €	818 €
144 g/km	280 €	450 €	989 €
145 g/km	310 €	540 €	983 €
146 g/km	330 €	650 €	1074 €
147 g/km	360 €	740 €	1172 €
148 g/km	400 €	818 €	1276 €
149 g/km	450 €	989 €	1386 €

150 g/km	540 €	983 €	1504 €
151 g/km	650 €	1074 €	1628 €
152 g/km	740 €	1172 €	1761 €
153 g/km	818 €	1276 €	1901 €
154 g/km	989 €	1386 €	2049 €
155 g/km	983 €	1504 €	2205 €
156 g/km	1074 €	1629 €	2370 €
157 g/km	1172 €	1761 €	2544 €
158 g/km	1276 €	1901 €	2726 €
159 g/km	1386 €	2049 €	2918 €
160 g/km	1504 €	2205 €	3119 €
161 g/km	1629 €	2370 €	3331 €
162 g/km	1761 €	2544 €	3552 €
163 g/km	1901 €	2726 €	3784 €
164 g/km	2049 €	2918 €	4026 €
165 g/km	2205 €	3119 €	4279 €
166 g/km	2370 €	3331 €	4543 €
167 g/km	2544 €	3552 €	4818 €
168 g/km	2726 €	3784 €	5105 €
169 g/km	2918 €	4026 €	5404 €
170 g/km	3119 €	4279 €	5715 €
171 g/km	3331 €	4543 €	6039 €
172 g/km	3552 €	4818 €	6375 €
173 g/km	3784 €	5105 €	6724 €
174 g/km	4026 €	5404 €	7086 €
175 g/km	4279 €	5715 €	7462 €
176 g/km	4543 €	6039 €	7851 €
177 g/km	4818 €	6375 €	8254 €
178 g/km	5105 €	6724 €	8671 €
179 g/km	5404 €	7086 €	9103 €
180 g/km	5715 €	7462 €	9550 €
181 g/km	6039 €	7851 €	10 011 €
182 g/km	6375 €	8254 €	10 488 €

183 g/km	6724 €	8671 €	10 980 €
184 g/km	7086 €	9103 €	11 488 €
185 g/km	7462 €	9550 €	12 012 €
186 g/km	7851 €	10 011 €	12 552 €
187 g/km	8254 €	10 488 €	13 109 €
188 g/km	8671 €	10 980 €	13 682 €
189 g/km	9103 €	11 488 €	14 273 €
190 g/km	9550 €	12 012 €	14 881 €
191 g/km	10 011 €	12 552 €	15 506 €
192 g/km	10 488 €	13 109 €	16 149 €
193 g/km	10 980 €	13 682 €	16 810 €
194 g/km	11 488 €	14 273 €	17 490 €
195 g/km	12 012 €	14 881 €	18 188 €
196 g/km	12 552 €	15 506 €	18 905 €
197 g/km	13 109 €	16 149 €	19 641 €
198 g/km	13 682 €	16 810 €	20 396 €
199 g/km	14 273 €	17 490 €	21 171 €
200 g/km	14 881 €	18 188 €	21 966 €
201 g/km	15 506 €	18 905 €	22 781 €
202 g/km	16 149 €	19 641 €	23 616 €
203 g/km	16 810 €	20 396 €	24 472 €
204 g/km	17 490 €	21 171 €	25 394 €
205 g/km	18 188 €	21 966 €	26 247 €
206 g/km	18 905 €	22 781 €	27 166 €
207 g/km	19 641 €	23 616 €	28 107 €
208 g/km	20 396 €	24 472 €	29 070 €
209 g/km	21 171 €	25 394 €	30 056 €
210 g/km	21 966 €	26 247 €	31 063 €
211 g/km	22 781 €	27 166 €	32 094 €
212 g/km	23 616 €	28 107 €	33 147 €
213 g/km	24 472 €	29 070 €	34 224 €
214 g/km	25 394 €	30 056 €	35 324 €
215 g/km	26 247 €	31 063 €	36 447 €

216 g/km	27 166 €	32 094 €	37 595 €
217 g/km	28 107 €	33 147 €	30 767 €
218 g/km	29 070 €	34 224 €	39 964 €
219 g/km	30 000 €	35 324 €	41 185 €
220 g/km	30 000 €	36 447 €	42 431 €
221 g/km	30 000 €	37 595 €	43 703 €
222 g/km	30 000 €	38767 €	45 000 €
223 g/km	30 000 €	39964 €	46 323 €
224 g/km	30 000 €	40 000 €	47 672 €
225 g/km	30 000 €	40 000 €	49 047 €
226 g/km	30 000 €	40 000 €	50 000 €

Source : Ministère de l'Économie, des Finances et de la Relance

Grammage CO_2	TVS annuelle
Jusqu'à 20 g/km	0 €
De 21 g/km à 50 g/km	De 17 € à 40 €
De 51 g/km à 60 g/km	De 41 € à 48 €
De 61 g/km à 100 g/km	De 49 € à 150 €
De 101 g/km à 120 g/km	De 162 € à 192 €
De 121 g/km à 140 g/km	De 194 € à 392 €
De 141 g/km à 150 g/km	De 409 € à 600 €
De 151 g/km à 160 g/km	De 664 € à 1168 €
De 161 g/km à 170 g/km	De 1224 € à 1751 €
De 171 g/km à 190 g/km	De 1813 € à 3116 €
De 191 g/km à 200 g/km	De 3190 € à 3580 €
De 201 g/km à 230 g/km	De 3618 € à 4968€
De 231 g/km à 250 g/km	De 5036 € à 6250 €
De 251 g/km à 269 g/km	De 6325 € à 7747 €
Supérieur ou égal à 270 g/km	29 € par g/km

Source : Ministère de l'Économie, des Finances et de la Relance

CRIT'AIR ET ZFE : LES RESTRICTIONS DE CIRCULATION

En dehors des normes Euro, qui concernent tous les véhicules lors de leur homologation, il existe une autre réglementation nationale sur les émissions à l'échappement, qui s'applique à d'autres critères que le CO_2. Il s'agit, en France, des vignettes Crit'Air, qui suivent peu ou prou les normes Euro. Celles-ci encadrent les émissions de quatre types de polluants : oxydes d'azote (NO_x), hydrocarbures, particules fines et monoxyde de carbone. Le but de ce classement des véhicules selon sept catégories (voir tableau plus loin) est de limiter principalement la pollution à l'oxyde d'azote dans les centres urbains. Que ce soit lors des pics de pollution, ou à longueur d'année, son application concernant d'éventuelles restrictions revient aux collectivités locales. À première vue, il peut sembler que les véhicules diesel sont désavantagés par le classement Crit'Air. Par exemple, une voiture diesel Euro 4 n'a droit qu'à une vignette Crit'Air 3, alors qu'une voiture essence Euro 4 dispose d'un cran supplémentaire, une vignette Crit'Air 2 qui conduit à moins de restrictions. Inégalitaire ? Pas vraiment. Car les principes de combustion différents d'un moteur essence et d'un moteur diesel font qu'ils n'émettent pas leurs polluants dans les mêmes proportions. Cela a conduit, par le passé, le législateur à plus de souplesse sur les NO_x pour les moteurs diesel (250 mg/km contre 80 g/km pour la norme Euro 4). A contrario, les moteurs essence ont longtemps profité d'un vide juridique concernant les particules, non réglementées avant la norme Euro 6b... Tout simplement parce que, historiquement, les moteurs essence n'émettaient pas de particules fines. La donne a changé au milieu des années 2000 avec l'arrivée des technologies d'injection directe stratifiée, qui pouvaient émettre en toute liberté des particules dans des proportions bien plus importantes que le diesel. Aujourd'hui, les seuils sont identiques entre diesel et essence pour les particules, et presque égaux pour les NO_x (80 mg/km pour le diesel, 60 mg/km pour les modèle essence). Surtout, les tests normalisés se doublent, depuis le Dieselgate, de tests en conditions de conduite réelles (test RDE, pour Real Driving Experience), au cours desquels les émissions ne doivent pas excéder un coefficient de proportionnalité par rapport à la mesure sur cycle. Une étude menée par l'IFPEN (Institut français du pétrole énergies nouvelles), dont le rapport a été rendu public en décembre 2020, démontre que, à l'exception des périodes de très fortes chaleurs (au-delà de 30°C), qui sortent du spectre de la réglementation, les derniers moteurs diesel respectent les normes, et n'émettent que modérément plus de NO_x que les essence : 89 mg/km pour le diesel, 20 mg/km pour l'essence, en moyenne. L'écart est réel, mais tous les véhicules testés, choisis au hasard par l'IFPEN, rentraient dans le cadre des normes.

Ces résultats tendent à appuyer la demande des constructeurs, qui réclament que les modèles diesel les plus récents aient droit, au même titre que les modèles essence, au classement Crit'Air 1. Peine perdue ! « Le Diesel a gagné la bataille technologique, mais perdu la bataille politique », dit Carlos Tavares, directeur général de Stellantis. Même si ses niveaux de pollution sont en ligne avec les exigences du législateur, notamment grâce aux systèmes d'injection d'urée aujourd'hui généralisés, le Dieselgate a décrédibilisé ce carburant aux yeux de la classe politique, sans réelle raison objective. Voilà qui rejoint la non-exemption de TVS des hybrides rechargeables diesel, citée plus haut... Alors même que ces modèles sont les plus pertinents sur le papier : mode électrique pour les trajets urbains, où le diesel est le plus polluant, alors que le diesel prend la relève sur les longs trajets, où il demeure le carburant le plus efficient à l'heure actuelle. Le principe de « neutralité technologique », prôné dans un rapport parlementaire extrêmement bien documenté et présenté par Delphine Batho à l'Assemblée nationale en octobre 2016, semble malheureusement bel et bien passé à la trappe, mis à mal par une idéologie qui pousse vers le tout-électrique.

Cette inégalité de traitement entre les types de motorisations pourrait être accessoire si elle n'avait pas des conséquences écologiques et sociales néfastes. Pendant plusieurs années, le système de bonus écologique a favorisé les motorisations à faibles émissions de CO_2 ; c'est-à-dire les petites voitures diesel. Ce carburant est pourtant une hérésie sur des modèles destinés à de courts trajets urbains : le temps de montée en température des systèmes de dépollution limite leur efficacité lors des premières minutes de fonctionnement. De plus, ces modèles bon marché se contentaient des systèmes de dépollution les plus économiques possible, donc les moins efficaces. Aujourd'hui, ce sont ces modèles subventionnés il y a encore quelques années que l'on veut bouter brutalement hors des villes, via des restrictions de circulation. De quoi les rendre inutilisables pour certains de leurs propriétaires, alors que ce sont des véhicules encore en parfait état de fonctionnement.

L'État crée ainsi, de fait, une forme d'obsolescence programmée législative. Alors même que, depuis 2015, elle est considérée comme une fraude au code de la consommation. L'inconstance du législateur concernant les critères d'application des subventions et des restrictions conduit à un gâchis identique à celui de l'obsolescence programmée : un nombre non négligeable d'automobilistes devront changer leur voiture plus tôt que prévu, alors qu'ils n'en avaient aucunement l'intention ni les moyens.

Quand on sait à quel point l'empreinte écologique de la fabrication d'un véhicule est importante sur le cycle total d'une voiture (voir chapitre suivant), on ne peut que s'insurger face à de telles décisions à court terme. En tentant de limiter les émissions polluantes locales, on en crée une plus importante au niveau du lieu de production : car pour effacer les émissions liées à la fabrication d'une voiture qui rejetterait 20 g/km de CO_2 de moins que celle qu'elle remplace, il faudrait parcourir environ 250 000 km (en se basant sur une estimation a minima de 5 tonnes de CO_2 pour la fabrication d'une voiture neuve, un chiffre de l'ONG Transport & Environment). Un kilométrage canonique que les voitures sont loin de toutes atteindre ! En raisonnant au niveau de la pollution locale, les législateurs oublient qu'on vit tous sur la même planète. Que l'écologie consiste entre autres à diminuer la pollution, et non la déplacer, et à diminuer la surconsommation de matières premières. Voilà qui implique certes de se pencher sur des calculs bien complexes et incertains. Mais la réalité est complexe. C'est justement la volonté de simplifier les problématiques, de trouver une solution unique et universelle, qui mène à ces réglementations iniques et contre-productives. Car la voiture « propre » n'existe pas, comme nous allons le voir.

Catégories de vignettes Crit'Air

Certificat Crit'Air	VE	1	2	3	4	5
Véhicules essence	Électriques uniquement	À partir du 1er janvier 2011	Entre le 1er janvier 2006 et le 31 déc. 2010	Entre le 1er janvier 1997 et le 31 déc. 2005	aucun	aucun
Véhicules diesel		aucun	À partir du 1er janvier 2011	Entre le 1er janvier 2006 et le 31 déc. 2010	Entre le 1er janvier 2001 et le 31 déc. 2005	Entre le 1er janvier 1997 et le 31 déc. 2000

Source : Ministère de l'Environnement

CHAPITRE 2
LA VOITURE PROPRE N'EXISTE PAS, MÊME ÉLECTRIQUE

Tout concourt à présenter la voiture électrique comme un moyen de déplacement écologique. Les réglementations sur le CO_2 à l'échappement sont ainsi justifiées par la lutte contre le réchauffement climatique. Alors que les municipalités multiplient les incitations et avantages pour les voitures électriques (stationnement gratuit, droit de circuler dans les voies de bus...), tout autant que les restrictions pour les véhicules à moteur thermique. Le but, cette fois, est de limiter les émissions locales néfastes pour la santé, critère pour lequel, en effet, la voiture électrique est imbattable. Tout cela a fini par installer durablement dans l'esprit du public une image écologique. En effet, une étude réalisée en 2018 par OFI Asset Management révélait ainsi que 45% des acheteurs de voitures électriques mettaient en avant l'écologique comme premier facteur d'achat. Une image qui rejaillit également sur les hybrides rechargeables. Dans le même sondage, 40% des propriétaires de ces modèles brandissaient l'écologie comme raison de leur choix. Fin 2020, une étude commandée par le fabricant de bornes de charge EVBox révélait un plébiscite encore plus marqué : 70% des personnes intéressées par l'achat d'un véhicule électrique pensent que ces autos contribuent à lutter contre le changement climatique.

Mais cette absence d'émissions polluantes locales, lorsque la voiture est utilisée, ne doit pas cacher l'impact écologique des voitures électriques. Pour réellement jauger le bien-fondé d'une source d'énergie, il ne faut pas uniquement considérer le bilan du réservoir à la roue, mais plutôt celui du puits à la roue. C'est-à-dire qu'il faut également prendre en compte la production de la voiture et du carburant, et pas seulement sa consommation. Des paramètres totalement laissés de côté par la réglementation européenne sur le CO_2, donc. Ceux-ci sont extrêmement variables d'un pays à l'autre et d'un modèle à l'autre. Ils ne sont évidemment pas négligeables pour une voiture électrique : même avec une motorisation « zéro émission », la voiture propre n'existe pas ! Voilà qui a conduit en 2014 le Jury de Déontologie Publicitaire en France à épingler les services d'autopartage Autolib' et BlueLy, ainsi que Renault pour sa Zoé, qui avaient choisi des messages publicitaires mettant trop en avant le caractère écologique de leurs produits : on se rappelle même un spot publicitaire où l'herbe repoussait sur le bitume après le passage d'une Renault Zoé ! Cette décision a permis de remettre les pendules à l'heure, sans pour autant complètement dévoiler la réalité de l'empreinte écologique de ces voitures jugées si vertueuses.

CO_2, LA GRANDE ILLUSION DE LA VOITURE ÉLECTRIQUE À ÉMISSIONS NULLES

Comme nous l'avons vu, ce sont les émissions de CO_2 qui sont aujourd'hui le mètre étalon des réglementations européennes. Il ne s'agit certes pas d'un polluant à proprement parler, mais c'est un gaz à effet de serre, dont l'impact sur le changement climatique est avéré. Dès 2012, une étude de l'ADEME (Agence de l'environnement et de la maîtrise de l'énergie) soulignait qu'une voiture électrique avait un impact bien plus important lors de sa fabrication qu'une voiture essence ou diesel.

À l'époque, cet organisme estimait que l'énergie nécessaire pour fabriquer une voiture thermique s'élevait à 70 000 MJ, contre 120 000 MJ pour une électrique. Surtout, les éléments de batterie provenaient en immense majorité d'usines chinoises, pays où le mix énergétique des centrales fait largement appel aux énergies fossiles. De quoi arriver à la conclusion qu'en termes de CO_2, une voiture électrique doit parcourir au moins 40 000 km pour compenser le surcroît émis lors de la fabrication. Et encore, cette hypothèse n'est valable que si la production de l'électricité utilisée pour la faire rouler ne génère pas de CO_2. C'est le cas en Norvège, qui a justement fait de la voiture électrique son cheval de bataille : sous la pression fiscale, ces véhicules représentent dans ce pays scandinave 54% des ventes de voitures neuves en 2020. Un engouement logique, puisque le mix énergétique y est constitué à plus de 95% de sources renouvelables, provenant principalement des centrales hydroélectriques. En France, du fait du recours au nucléaire, la production d'électricité ne génère que très peu de CO_2, mais cet aspect laisse en suspens d'importantes questions écologiques.

Depuis cette étude de l'ADEME qui date des premiers pas de la voiture électrique grand public, la situation a évolué. Déjà grâce aux progrès industriels : l'augmentation des cadences dans les usines de batterie a permis de rendre le processus de fabrication plus efficace. Une étude de l'institut de recherche environnemental suédois IVL datant de 2019 estime que la fabrication de 1 kWh de batterie au lithium entraîne un rejet de CO_2 compris entre 61 kg et 106 kg selon les lignes de production. Un chiffre autrefois estimé entre 150 kg et 200 kg.

Mais, dans le même temps, la tendance est à l'augmentation de la taille des batteries, car cela permet d'augmenter l'autonomie, condition *sine qua non* pour attirer les clients et assurer une certaine polyvalence. Et les progrès sur leur densité permettent d'implanter des capacités plus importantes dans le même espace. Un exemple frappant est la Renault Zoé, lancée en 2013 avec une batterie de 22 kWh, et dont la dernière version commercialisée en 2020 atteint 52 kWh sans modification significative de sa structure. D'autres modèles comptant parmi les pionniers (Nissan Leaf, BMW i3...) ont suivi le même chemin. Et, aujourd'hui, la plupart des modèles lancés rivalisent sur le critère de l'autonomie, directement lié à la taille de la batterie.

Malgré les progrès donc, l'écart à la production demeure en faveur de la voiture thermique. Mais, déjà à ce stade, il apparaît impossible de faire une généralité, tant la taille des batteries varie d'un modèle à l'autre, du plus petit (Smart EQ Fortwo et ses 17,6 kWh) au plus grand (Tesla Model S Grande Autonomie, 100 kWh). Cela dit, il est intéressant de constater que de plus récentes études mènent à des résultats extrêmement proches de celle de l'ADEME en 2012. C'est le cas de celle publiée en septembre 2020 par Polestar, un nouveau constructeur de voitures électriques, dans un communiqué intitulé « Polestar appelle l'industrie automobile à faire preuve de transparence en termes d'impact environnemental ». D'abord née comme une division sportive de Volvo, cette marque a pris son indépendance en 2018 pour devenir une marque indépendante dédiée à la construction de voitures électriques. Son siège est installé à Göteborg, à quelques mètres de celui de Volvo, mais la production est effectuée en Chine, le constructeur suédois étant propriété du Groupe chinois Geely depuis 2010. Son modèle phare, la Polestar 2, se présente comme une concurrente directe de la Tesla Model 3. Elle partage son architecture technique avec le SUV compact Volvo XC40. Mais contrairement à ce dernier qui se décline en essence, hybride et électrique, la Polestar 2 fait l'impasse sur les moteurs thermiques, en adoptant deux moteurs électriques (un sur chaque essieu) et une batterie de 78 kWh, qui promet une autonomie de 475 km sur le cycle de mesures WLTP. Polestar a donc fait le choix de communiquer sur l'impact en termes de CO_2 de sa voiture, sur tout le cycle de vie. Le principal facteur concerne la production, qui génère 26,2 tonnes de CO_2 : 17 tonnes pour la fabrication des pièces, en prenant en compte les matières premières et le transport, 2,2 tonnes pour l'assemblage final et 7 tonnes pour la batterie seule. En comparaison, un Volvo XC40, certes fabriqué en Belgique où le mix énergétique repose beaucoup moins sur les énergies fossiles, parvient à limiter à 17 tonnes l'impact de CO_2 de sa production. De quoi permettre ensuite de calculer le kilométrage à partir duquel le véhicule électrique devient plus intéressant. Celui-ci s'élève à 50 000 km si l'électricité provient de sources renouvelables, 77 000 km si l'électricité provient d'un mix correspondant à la moyenne européenne et 110 000 km pour une électricité correspondant au mix mondial.

Voilà qui apparaît manifeste dans les chiffres fournis par Polestar : le surplus de CO_2 émis lors de la production d'une voiture électrique est ensuite plus ou moins facile à compenser selon la manière dont est produite l'électricité qui l'alimente. Selon le constructeur, une Polestar 2 émettra typiquement 50 tonnes de CO_2 au cours de son cycle de vie complet, comprenant production et usage sur une durée de vie de 200 000 km. Et il s'agit là d'une moyenne mondiale ! À comparer aux 58 tonnes estimées pour un Volvo XC40 essence, également sur 200 000 km, calcul identique partout dans le monde puisque le pétrole est toujours de même source. La voiture électrique est donc très, très loin du mode de transport « zéro émissions » vanté par les publicités et certains politiques.

La « rentabilité » écologique d'une voiture électrique dépend énormément de l'endroit où elle roule. Dans certains pays, il semble même inopportun de vouloir lui faire remplacer une voiture thermique. C'est le cas par exemple en Pologne, où la production d'électricité fait très largement appel aux énergies fossiles, et en particulier au charbon : 1 kWh d'électricité nécessite de relâcher dans l'atmosphère près de 800 g de CO_2. Mais dans une voiture électrique, cette électricité correspond alors à des émissions aux environs de 150 g/km, pour un modèle de taille moyenne : mieux vaut rouler en essence ou diesel. Et le même constat vaut pour d'autres pays comme l'Australie, l'Inde ou la Chine... Pourtant, ce dernier pays multiplie les encouragements au développement de la voiture électrique. Le bilan est certes négatif mais l'Empire du Milieu a deux raisons de miser sur cette technologie. D'une part, limiter l'importante pollution dans les mégapoles. Et, d'autre part, donner un essor à son économie. Car l'industrie automobile chinoise est jeune : il lui est difficile de rattraper son retard technologique sur les moteurs thermiques par rapport à des constructeurs très expérimentés en la matière. Souvent d'ailleurs, les moteurs thermiques utilisés par les marques chinoises sont d'anciennes générations de blocs conçus par des constructeurs occidentaux, et construits sous licence. La rupture technologique de la voiture électrique met toutes les marques sur un pied d'égalité, puisqu'il faut repartir de zéro. Une aubaine pour des groupes industriels qui veulent s'attaquer à un marché disputé ! C'est aussi le moyen pour ces marques nouvelles de pouvoir plus facilement prendre pied sur le marché européen, où les critères de pollution très stricts sont difficiles à atteindre avec d'anciennes générations de moteurs.

Nous avons vu que, pour une voiture donnée, le bilan CO_2 varie grandement d'un pays à l'autre. L'autre paramètre concerne, nous l'avons vu, la taille de la batterie. Plus celle-ci est importante, moins le bilan écologique est bon. Voilà pourquoi certains constructeurs, japonais en particulier, ont choisi des accumulateurs relativement modestes pour leurs modèles. C'est le cas de la Honda e, choix compréhensible pour une citadine. Plus surprenant, Mazda a fait le choix d'une batterie de 35,5 kWh seulement sur son SUV compact MX-30 présenté au Salon de Tokyo en 2019. Soit une taille environ deux fois plus faible que ce qui se pratique en moyenne sur ce segment, si on considère les modèles lancés en 2020 et 2021. Ce choix osé, le constructeur japonais le justifie dans un communiqué de presse pour des raisons écologiques. « Une étude sur le cycle de vie réalisée par Mazda et l'université de Kogakuin qui a été publiée dans le magazine *Sustainable Science* fait apparaître que, sur tout le cycle de vie, les véhicules électriques équipés de batterie de petite capacité tendent à produire moins d'émissions de CO_2 que des véhicules à moteur diesel de catégorie équivalente. Ainsi, Mazda pense que la capacité de batterie du MX-30 garantit le juste équilibre entre une autonomie gage d'une parfaite tranquillité d'esprit pour les clients et des émissions de CO_2 évaluées selon la méthodologie de l'analyse du cycle de vie. » L'étude citée par le communiqué de presse fait apparaître des hypothèses d'émissions de CO_2 pour les véhicules thermiques basées sur l'ancien cycle NEDC et le cycle de mesure japonais, tous deux très optimistes. À notre sens donc, cette étude est excessivement favorable aux modèles thermiques... Ce qui rend donc le choix de Mazda pour sa voiture électrique encore meilleur en termes d'impact sur l'environnement ! Mais l'autonomie annoncée par la fiche technique, de 200 km sur le cycle WLTP (toujours un peu optimiste par rapport aux conditions réelles, surtout si on utilise le chauffage ou la climatisation), semble bien loin de la « parfaite tranquillité d'esprit » à l'usage revendiquée par le constructeur. Un sondage mondial réalisé par Deloitte début 2020 révélait en effet que 40% des automobilistes s'attendent à ce que l'autonomie d'une voiture électrique s'élève à 480 km ou plus. Voilà qui semble logique : lorsqu'on achète une voiture, il faut qu'elle réponde à l'intégralité de ses besoins, pas seulement aux petits trajets du quotidien.

S'il est relativement aisé de calculer des rejets de CO_2 à la production où à l'usage, il apparaît beaucoup plus difficile de les synthétiser en une valeur en g/km, sur un bilan du puits à la roue. Car cela implique de jouer sur une inconnue : la durée de vie de la voiture. À n'en pas douter, il est possible d'atteindre le chiffre de 200 000 km repris par l'étude Polestar. Les technologies d'aujourd'hui le permettent. Mais combien de voitures atteignent réellement ce chiffre ? Il y a des voitures accidentées presque dès la sortie de la concession, d'autres qui partent à la casse après plus de vingt ans, mais qui sont restées aux mains de propriétaires ne les utilisant que très peu… Il n'existe pas, à notre connaissance, de statistique qui donne le kilométrage moyen d'une voiture partant à la destruction. Il est dès lors bien hasardeux de faire une hypothèse, ce que ne s'est pourtant pas gênée de faire l'ONG Transport & Environment, dans une étude parue en avril 2020, excessivement favorable à la voiture électrique. En choisissant des durées de vie canoniques (170 000 km pour une citadine, 225 000 km pour une berline compacte, 280 000 km pour une familiale et 335 000 km pour une grande routière), il est effectivement plus facile de diluer l'impact initial supérieur de la production d'une voiture électrique, en le rapportant au kilomètre. En plus, Transport & Environment a choisi d'autres hypothèses discutables : d'une part en faisant des projections sur les futurs mix énergétiques de chaque pays, supposant qu'ils feront de plus en plus appel aux énergies renouvelables, et d'autre part en estimant que la taille des batteries des voitures électriques n'augmenterait pas d'ici à 2030. Illusoire ! Avec de tels biais, il est facile d'arriver à un résultat qui démontre que la voiture électrique est moins émettrice de CO_2 qu'une voiture essence ou diesel et, ce dans n'importe quel pays. Il est également extrêmement facile de trouver, a contrario, d'autres bilans qui tirent la couverture dans l'autre sens, cherchant à faire croire que la voiture électrique est la pire solution contre le réchauffement climatique.

Les conclusions simplistes cachent souvent un manque de rigueur ou, pire, de la malhonnêteté intellectuelle. Les paramètres sont nombreux et complexes. La voiture électrique peut se révéler réellement vertueuse dans certains cas, par exemple une citadine dotée d'une assez petite batterie chargée à l'électricité renouvelable, utilisée tous les jours en remplacement d'un modèle essence. À l'opposé, on est réellement en droit de douter de la vertu d'un gros SUV électrique qui roule en Chine ou en Pologne. Surtout, ce qui est vrai en 2020 ne le sera plus forcément en 2025. Tout dépendra du recours plus important aux énergies renouvelables (qui ne seront d'ailleurs jamais neutres en CO_2 : une éolienne ou un panneau solaire a un impact lors de sa fabrication et sa durée de vie n'est pas infinie) dans chaque pays, et des progrès technologiques concernant la fabrication des batteries. La voiture électrique est une piste intéressante pour la lutte contre le réchauffement climatique. Ce n'est pas une solution miracle qui permet d'évacuer le problème de l'impact environnemental des voitures.

Terminons enfin cette partie par quelques mots sur les hybrides rechargeables. Grâce à leur batterie plus petite, ceux-ci peuvent se targuer d'un impact moindre à la fabrication... du moins pour la plupart d'entre eux. Car certains modèles, pour diminuer leurs émissions sur cycle, affichent des tailles de batteries colossales. Nous avons évoqué le BMW X5 précédemment, le Mercedes-Benz GLE 350de fait encore plus fort avec 31,2 kWh, soit peu ou prou l'équivalent de celle d'une Mini Cooper SE, qui ne peut, elle, compter que sur sa batterie pour se mouvoir. Ce gros SUV dépasse les 2,6 tonnes et affiche certes des consommations assez raisonnables grâce à son moteur diesel. Mais les ressources nécessaires à sa fabrication ont évidemment un impact. Pour des modèles de tailles plus raisonnables, une étude de l'ADEME parue en 2018 estime que les modèles hybrides rechargeables seraient les plus intéressants sur la totalité de leur cycle de vie. Mais ce résultat est, encore une fois, le fruit d'une hypothèse bancale : seul le mode électrique est utilisé au cours de la vie du véhicule. De quoi l'assimiler du coup à un modèle électrique doté d'une petite batterie. Dans les faits, il est impossible de prédire l'usage d'un modèle hybride rechargeable. Ce qui est sûr, c'est que le cas d'usage, avéré de ne jamais charger la batterie, en fait un des pires scénarios : on cumule alors l'impact lié aux ressources nécessaires pour la fabrication de la batterie et le profil d'usage défavorable d'un moteur à combustion. Là encore, les conditions sont trop variables pour une conclusion unique.

PARTICULES : UN LÉGER AVANTAGE POUR L'ÉLECTRIQUE

La pollution aux particules fines, particulièrement visible par faible vent, est un fléau dont les moteurs diesel sont souvent jugés responsables. Mais ils ne sont pas les seuls, puisque, outre l'industrie et le chauffage domestique, les moteurs essence en sont également à l'origine, surtout depuis le développement de l'injection directe. Aujourd'hui, la norme Euro 6d a conduit à une quasi-généralisation des filtres à particules. On ne peut pas accuser le moteur électrique d'émettre des particules : voilà un avantage significatif.

Mais, avec ces normes de pollution qui encadrent sérieusement le problème, les échappements ne sont plus le premier émetteur de particules ! Aujourd'hui, ce sont les freins à disques qui en sont la principale source : quatre fois plus que le moteur (20 mg/km contre 5 mg/km). Toutefois, pour les véhicules en circulation répondant à l'ancienne norme, les rejets à l'échappement demeurent importants. Selon l'Agence fédérale de l'environnement en Allemagne, les gaz d'échappement sont à l'origine de 7740 tonnes de PM10 chaque année (des particules dont le diamètre est inférieur à 10 nm, l'équivalent d'un virus, ce qui leur permet de pénétrer profondément dans l'organisme), un peu plus que les freins, avec 7340 tonnes par an. Les émissions de particules par les freins à disques sont devenues si prépondérantes que la Commission européenne pour la réduction des émissions a mis en place une sous-commission destinée à étudier une réglementation sur le sujet. Certains équipementiers, à l'image de Mann + Hummel et Tallano Technologies, ont commencé à développer des systèmes d'aspiration au niveau des plaquettes, pour recueillir ces particules. Certaines voitures sont déjà en test à la Mairie de Paris.

Ces voitures utilisées par la Mairie de Paris sont des Renault Zoé... électriques ! Car si les voitures électriques n'émettent pas, par définition, de particules à l'échappement, elles sont dotées de disques de freins comme les thermiques. Elles ont toutefois l'avantage d'un système de freinage régénératif. C'est-à-dire que le moteur électrique génère un frein moteur qui permet de ralentir sans utiliser les disques, tout en rechargeant la batterie. Les freins classiques ne sont alors utilisés que lors des très fortes décélérations ou sur les derniers mètres, lorsque le moteur électrique ne tourne plus assez vite pour offrir un ralentissement efficace. Voilà qui fait que les voitures électriques conservent un avantage en ce qui concerne les particules de freins.

Mais ce n'est pas tout : l'abrasion des pneus sur le bitume est également une source de particules, directement liée à la masse du véhicule. Et, du fait de leur batterie, les voitures électriques sont plus lourdes que leurs homologues essence ou diesel à volume égal. Les particules en provenance des pneus sont donc plus abondantes.

Reste la question de la nocivité des particules émises en général. Si le doute est permis sur la nocivité de l'abrasion des pneus et des plaquettes de freins, il ne l'est pas sur les particules émises à l'échappement, déclarées cancérigènes par l'OMS depuis 2012. Sur ce point, l'électrique a un potentiel avantage. Et cela pourrait n'être qu'un début, comme le laisse entendre le radiologue Thomas Bourdel, qui estime que le diesel émet des nanoparticules, encore non réglementées, très nocives pour la santé.

NO_x : UNE POLLUTION GÉOGRAPHIQUEMENT DÉPLACÉE ?

Si les émissions d'oxydes d'azote sont plus importantes sur les moteurs diesel que sur les moteurs essence, c'est dû aux températures plus élevées atteintes lors de la combustion. Des niveaux de chaleur que l'on trouve également... dans les centrales à charbon qui produisent l'électricité destinée à alimenter les voitures électriques. Si celles-ci n'émettent pas de NO_x localement, elles en sont donc indirectement à l'origine, dans les pays où le mix énergétique fait appel à des centrales thermiques. Sur cette question, le bilan est très en faveur de la voiture électrique dans certains pays comme la France ou la Norvège, beaucoup moins dans d'autres comme la Chine ou la Pologne.

MÉTAUX RARES : LE PÉTROLE DE LA VOITURE ÉLECTRIQUE

Certes, la notion même de métaux rares est discutée dans les débats autour de la production des batteries. Par cette expression, nous entendons des éléments tels que le cobalt et le lithium, éléments constitutifs des électrodes des cellules de batterie. Le lithium est indispensable, puisqu'il est l'élément principal du couple redox qui entre en jeu dans la batterie. Un rapport de Global Data paru en octobre 2020 prévoit une production en forte hausse pour répondre à la demande croissante du secteur automobile : de 58 800 tonnes en 2020, elle pourrait passer à 134 700 tonnes en 2024. Aujourd'hui, l'Australie domine le marché, avec 53% du lithium extrait dans le monde, devant le Chili (23,5%), la Chine (9,7%), l'Argentine (8,3%) et le Zimbabwe (2,1%). Pour la production de batteries, c'est avant tout le lithium issu des minerais australiens qui est privilégié. Car celui-ci est plus pur que celui extrait des saumures des déserts de sel sud-américains. Face à de nombreuses données contradictoires, il apparaît aujourd'hui assez difficile de jauger l'impact exact de l'extraction du lithium. Celui-ci n'est certes pas nul, mais le lithium n'est nécessaire que lors de la fabrication, contrairement au pétrole, dont l'extraction est nécessaire tout au long de la vie d'une voiture thermique.

Le cas le plus critique est celui du cobalt. L'enjeu est environnemental, mais aussi sanitaire et éthique, comme l'expliquait au quotidien belge *L'Écho* en 2019 Christopher Smith, directeur de la communication du groupe Umicore. « Sur une production mondiale de 130 000 tonnes de cobalt en 2018, 65% proviennent de la République démocratique du Congo dont un tiers sort des mines artisanales. En tout, vous pouvez estimer que 20% de la production mondiale vient de gens qui creusent des trous dans la terre ou les rivières. » Ces mines artisanales sont insalubres, pratiquent une extraction sans aucune protection de l'environnement et des travailleurs et emploient des enfants. De plus, avec une telle prédominance sur la production mondiale de cobalt, la République démocratique du Congo pourrait fort bien faire la pluie et le beau temps sur ce marché. L'enjeu est géopolitique tout autant qu'économique. Un paradoxe, alors même qu'un sondage réalisé en Amérique du Nord montre que les automobilistes estiment que la voiture électrique est un vecteur d'indépendance nationale, qui permet de s'affranchir des importations en pétrole. La République démocratique du Congo pourrait-elle devenir le royaume pétrolier de la voiture électrique ?

Face à cette question, les constructeurs font tout pour diminuer leurs besoins en cobalt. Celui-ci se trouve dans les cathodes des cellules des batteries. Un des types de cellules les plus répandus aujourd'hui est le NCM 622. Ce sigle signifie que la cathode est constituée de nickel, cobalt et manganèse dans des proportions respectives de 60%, 20% et 20%. La prochaine génération, déjà en place sur quelques modèles, est la NCM 811, qui réduit donc la part de cobalt à 10%. Tesla, qui a toujours un coup d'avance, est parvenu à développer une batterie sans cobalt (lithium fer phosphate), aux performances a priori identiques, voire supérieures, à celles des NCM. Ce nouveau développement d'une technologie qui n'est pas nouvelle laisse à penser que les fournisseurs de batteries et constructeurs parviendront à s'affranchir, ou tout au moins à réduire fortement la proportion de cobalt dans les cellules.

Pour ne pas voir leur image entachée par une provenance discutable du cobalt, les entreprises cherchent à en tracer l'origine. C'est le cas notamment de Polestar, qui a annoncé en février 2021 avoir mis en place un système de blockchain pour déterminer l'origine du cobalt utilisé dans les batteries de ses modèles, et s'assurer qu'il provient de sources où l'éthique est respectée.

CHARGE SUR LE RÉSEAU ÉLECTRIQUE : LA GRANDE INCONNUE

La transition vers des voitures électriques induira mécaniquement une charge plus importante sur le réseau. À l'heure où les pics problématiques sont atteints lors des vagues de froid, il s'agit là d'une problématique majeure, si l'on ne veut pas multiplier les nouvelles centrales ayant, forcément, un impact sur l'environnement. Le journaliste Pascal Nguyên a étudié cette problématique, et estime qu'un passage massif à la voiture électrique entraînerait une augmentation de la consommation électrique à l'échelle de la France de l'ordre de 28 TWh à 34 TWh. Voilà qui correspond aux besoins en électricité d'un pays comme le Danemark. Si, sur le papier, la quantité annuelle produite est suffisante, le problème provient des pics de charge. Cela pourrait être le cas notamment pour les charges rapides, qui demandent des puissances élevées, allant jusqu'à près de 300 kW. Si on imagine un modèle de fonctionnement avec des bornes rapides le long des autoroutes, il y a fort à parier que les puissances devront être bridées en cas de forte affluence, rallongeant d'autant le plein. Voilà qui semble peu acceptable pour le client.

Pour gérer la charge sur le réseau, les tarifs en heure creuse seront un levier important, pour les charges domestiques. Quant à la connexion des voitures sur le réseau domestique

(Smart Grid), qui permettrait de lisser la demande en utilisant, lors des heures les plus critiques, l'énergie de la batterie pour alimenter les appareils domestiques, elle est diversement envisagée par les experts de l'énergie. Certains imaginent déjà qu'il s'agit d'une révolution qui ira jusqu'à permettre de diminuer la production d'électricité, alors que d'autres n'y voient aucun avenir, le nombre de voitures connectées au réseau à un instant T étant bien trop imprévisible. Sans compter que ce principe impose de ne pas utiliser sa voiture lors des heures pleines, puisque sa batterie se décharge pour un usage domestique, réduisant d'autant son autonomie résiduelle.

CHAPITRE 3
LE MIRAGE DES USINES À IMPACT NEUTRE

Dans la communication autour de l'automobile, la tendance est maintenant d'évoquer systématiquement l'écologie, y compris concernant la production. De plus en plus de constructeurs parlent d'usines à impact neutre. Même pour des modèles à la consommation élevée, comme c'est le cas des Bentley qui sont pour moitié animées par un moteur W12 de plus de 600 ch, l'argument fait mouche. Lors d'une conférence en novembre 2020, le patron de la marque britannique, Adrian Hallmark, voulait se positionner comme un champion du luxe responsable. « Le développement durable est un changement profond de notre industrie et nous entendons nous positionner comme leader. Depuis deux ans, notre usine est neutre en carbone : une part de notre électricité est produite sur place grâce à des panneaux solaires, et le reste est acheté auprès de fournisseurs certifiant son origine verte. Nous visons maintenant à ce que le bilan carbone de l'usine soit positif et que, sur l'ensemble, l'entreprise soit neutre en carbone. » Rendre cette usine de Crewe (au Royaume-Uni) neutre en carbone est sans doute plus facile que n'importe quelle autre unité de production. Car si celle-ci produit quelques milliers de moteurs W12 par an, elle se contente surtout d'assembler des éléments. Depuis l'arrêt de la luxueuse Mulsanne, encore totalement construite à la main sur place, Bentley ne produit plus de caisses en blanc : celles-ci viennent d'autres usines du Groupe Volkswagen en Allemagne. Il en va de même des motorisations autres que le W12. Les bâtiments historiques sis dans le Cheshire se limitent à de l'assemblage et sont très peu automatisés : l'usine ne comporte que trois robots. Bentley préfère mettre l'accent sur l'artisanat, en particulier le travail du cuir et du bois. Il apparaît donc beaucoup plus aisé de rendre neutre un atelier d'assemblage, quand il n'y a pas d'industrie lourde.

Les bilans CO_2 des usines oublient nécessairement la production des nombreux éléments constitutifs d'une automobile, qui sont fabriqués par des sous-traitants. Ainsi, dans son rapport sur le développement durable de 2019, BMW estimait qu'une voiture produite dans ses usines générait 400 kg de CO_2. Une valeur parcellaire, puisqu'elle ne prenait là encore en compte que ce qui était « fait maison ». L'estimation était en effet très éloignée des 5 tonnes avancées par l'ONG Transport & Environment, elle-même peut-être en dessous de la réalité. « Plus un objet est complexe, plus l'estimation est approximative », explique Lucien Willemin, un spécialiste de l'analyse des cycles de vie. Recenser tous les éléments susceptibles d'avoir un impact sur le cycle de vie d'un produit est une mission impossible : cela comprend entre autres le fret, le recyclage en fin de vie, les déplacements des personnes pendant la conception. Pour une voiture, composée d'environ 500 000 pièces, chiffrer précisément l'impact, c'est mission impossible.

De nombreux constructeurs communiquent sur leur volonté d'usines à impact neutre. D'autres vont plus loin. Daimler a par exemple annoncé en mars 2021 que 75% de ses fournisseurs étaient déjà neutres en carbone. L'entreprise allemande vise ainsi une neutralité totale à l'horizon 2030. Bentley ambitionne, quant à lui, de proposer à terme des véhicules électriques dont le bilan carbone sera neutre sur toute leur durée de vie, y compris après la vente. Cela ressemble à un vœu pieux : comment savoir si le client chargera sa voiture avec de l'électricité renouvelable ? Ce type de communication constitue un véritable greenwashing, d'autant plus qu'elles ne concernent une fois encore que le CO_2. Et c'est très, très loin d'être la seule source de pollution lors de la fabrication d'une voiture...

CHAPITRE 4

ÉLECTRIQUES ET HYBRIDES RECHARGEABLES, DES PROPOSITIONS QUI NE CONVIENNENT PAS À TOUT LE MONDE

Avec 1,4 million de ventes en 2020 en Europe (chiffre qui comprend aussi les modèles hybrides rechargeables), les voitures électriques semblent avoir le vent en poupe : cela représente une hausse de 137% par rapport à 2019. Voilà qui s'explique par la multiplication de l'offre, notamment dans les segments supérieurs, mais aussi parce que 2020 correspondait à la première année pleine de commercialisation de deux modèles qui caracolent en tête des ventes : la Tesla Model 3 et la nouvelle Renault Zoé. Sans compter l'arrivée de la Volkswagen ID.3, qui complète le trio des modèles électriques les plus prisés en Europe. Ces belles performances laissent augurer une adhésion des clients, qui semblent prêts à se convertir. Dans la foulée, de nombreux constructeurs annoncent à demi-mot vouloir se concentrer sur la production de modèles électriques (laissant volontairement un flou coupable entre voiture électrique et électrifiée... Cette dernière formulation pouvant tout aussi bien concerner des modèles à simple hybridation légère 48 Volts qui ne sont rien d'autre que des modèles thermiques avec un alterno-démarreur plus puissant). De leur côté, les gouvernements annoncent également vouloir l'interdiction des ventes de modèles thermiques (mais les hybrides 48 Volts peuvent être considérés comme des modèles électrifiés). Cela laisse-t-il augurer d'un raz-de-marée électrique, qui représenterait la quasi-totalité des ventes à l'horizon 2030 ? Peu probable. Une étude de Deloitte parue à l'été 2020 estime plutôt que les modèles électriques et hybrides rechargeables ne représenteront que 32% des ventes au niveau mondial à l'horizon 2030, et 42% en Europe. Les véhicules électriques représenteraient 26% des ventes au niveau mondial.

Comment expliquer ces prévisions timides, alors que tout semble faire croire que les voitures électriques balaieront toute autre alternative ? Un cas intéressant concerne le segment des mini-citadines. Dès 2010, cette catégorie de petites voitures faisait office de pionnière avec le lancement du trio Mitsubishi i-MiEV, Citroën C-Zéro et Peugeot iOn. Puis l'offre s'est multipliée au fil des ans, nombreux étant les constructeurs à juger que ces modèles, essentiellement urbains, pouvaient s'accommoder de l'autonomie plus limitée liée à la motorisation électrique. Grave erreur ! L'expérience vient de le prouver. Fin 2019, Smart faisait le pari osé de devenir une marque 100% électrique. La transition s'est faite de manière radicale, en retirant purement et simplement du catalogue les versions essence de ses Fortwo et Forfour qui représentaient, sur les six premiers mois de l'année 2019, les trois-quarts de ses ventes (75,6% exactement). Seules les versions électriques. Ce qui a fait chuter drastiquement les ventes : les volumes de la Fortwo ont chuté de 75% (19 632 ventes en Europe) en 2020 et c'est pire encore pour la Forfour, avec - 80% (7662 immatriculations). Il faut remarquer toutefois que le segment des mini-citadines auquel appartiennent ces deux modèles a accusé une baisse de 34% de ses volumes en 2020 (779 500 unités), liée tout autant à une défection de cette catégorie qu'à la crise sanitaire. Ce qui signifie, qu'en termes de parts de marché, la chute des ventes de Smart n'est pas aussi importante que celle du nombre de modèles écoulés. Il n'empêche : la plupart des clients ont préféré se détourner de la marque, plutôt que d'acheter un modèle 100% électrique. Car dans le même temps, la Renault Twingo, cousine technique de la Forfour, ne voyait ses ventes reculer que de 15% pour un total de 73 536 ventes en 2020. Smart n'est pas un cas isolé, et l'expérience s'est répétée dans le Groupe Volkswagen. Alors que la Volkswagen up! qui conservait une gamme de motorisations complète reculait de 26%, ses jumelles Seat Mii et Skoda Citigo ont vu leurs volumes dégringoler de 40% et 54% en abandonnant le trois-cylindres essence.

Ces cas où la clientèle ne suit pas la politique d'électrification mettent en évidence le décalage entre les usages théoriques imaginés pour chaque modèle et la réalité des attentes de la clientèle. Cantonner les petites voitures à la ville, c'est oublier que la plupart des clients choisissent ce type de modèles non pas seulement pour leurs dimensions menues mais surtout pour leur tarif abordable. C'est la première voiture d'un jeune couple, la deuxième voiture de la famille ou l'auto de celui qui estime ne pas avoir besoin de plus. Ce qui n'empêche pas tous ces clients bien réels de traverser la France avec leur petite voiture, car même peu puissante et pas vraiment conçue pour ça, une Smart Fortwo essence peut envisager de longs trajets. Ce qui est impossible avec la version électrique, pourtant beaucoup plus chère et qui peine à dépasser les 100 km d'autonomie. Ce qui est vrai pour les citadines l'est aussi pour les autres catégories. Un client n'achètera pas un modèle qui ne correspond pas à son usage. À tous ses usages. Au début des années 2010, les constructeurs avançaient des autonomies limitées par les technologies d'alors, excusant ces faibles performances par le fait qu'elles surpassaient largement la distance moyenne parcourue par les automobilistes. On connaît le résultat : les ventes de ces premiers modèles sont restées anecdotiques. L'automobile est un achat extrêmement coûteux, qui pèse lourd dans le budget des ménages. Pas question de se tromper, pas question de choisir un modèle trop petit ou incapable d'assurer lors des départs en vacances. On choisit la taille de sa voiture en fonction du nombre de membres de sa famille même si, tous les jours, on est seul dedans pour aller travailler. De même, on n'acceptera pas de sacrifier l'autonomie de sa voiture si elle empêche de partir en vacances. Lorsqu'on a dépensé plusieurs dizaines de milliers d'euros dans une voiture (ou plusieurs centaines d'euros chaque mois pour un leasing ou un crédit), il est hors de question d'accepter de louer une voiture plus grosse, ponctuellement. Jongler avec les horaires des agences de location souvent fermées le week-end, devoir réserver son créneau plusieurs semaines à l'avance parce que tout le monde demande une voiture pour la période estivale, subir le stress d'un dégât sur la voiture qui sera facturé à la restitution… Voilà exactement les soucis que l'on veut éviter en vacances, moment où, justement, on veut éviter les soucis. À son lancement à la fin des années 1990, Smart proposait à ses clients un service de location pour compenser la petitesse de l'auto lors des transhumances estivales. La promesse a fait long feu, faute de demande. L'auto doit répondre à la totalité des usages et il sera d'autant plus difficile à la voiture électrique de faire accepter ses contraintes que celles de la voiture thermique sont justement très faibles. Cela est dû à une limite physique simple, la densité énergétique des batteries : l'accumulateur d'une Volkswagen ID.3, qui pèse 376 kg selon son constructeur, peut stocker 58 kWh d'énergie... soit l'équivalent de 6 litres d'essence ou 5,4 litres de gasoil ! Heureusement pour la voiture électrique, son moteur offre un bien meilleur rendement, d'environ 90% (ce qui signifie que 90% de l'énergie consommée est transformée en mouvement mécanique), contre 30% à 40% pour les moteurs thermiques, et encore, seulement dans les meilleures phases. Il n'empêche que l'incomparable quantité d'énergie contenue dans le petit volume d'un réservoir d'essence a permis à l'automobile de devenir un formidable instrument de liberté, capable de transporter ses occupants quasiment sans contrainte. Voilà pourquoi l'étude de Deloitte fait ressortir l'exigence d'une autonomie de 480 km pour la plupart des sondés, avec un temps de charge compris entre 30 minutes et une heure.

LE COUPLE AUTONOMIE/VITESSE DE CHARGE, UN ÉCUEIL ENCORE IMPORTANT

Ces réponses soulignent que les automobilistes, habitués à pouvoir partir où ils veulent comme ils le veulent ne sont pas prêts à faire de compromis sur la polyvalence de leur véhicule. Le contrat est d'autant plus difficile à remplir pour les constructeurs que ces attentes correspondent à des autonomies sur longs trajets. C'est-à-dire sur autoroute, ce qui est le pire des cas pour une voiture électrique : c'est là que la consommation est la plus élevée. Car si, en ville où les accélérations et freinages sont nombreux, le rendement d'un moteur thermique est plus médiocre qu'à vitesse stabilisée, celui d'un moteur électrique est identique à presque tous les régimes. C'est-à-dire qu'il est directement proportionnel à sa vitesse de rotation, donc à la vitesse du véhicule puisque pratiquement aucun modèle électrique actuellement sur le marché ne dispose d'une boîte de vitesses (la Porsche Taycan est une exception avec une boîte à deux rapports sur l'essieu arrière). Aujourd'hui, l'immense majorité des voitures électriques en ville ou sur les trajets usuels est capable de répondre aux besoins courants des automobilistes. Au quotidien, c'est donc avant tout la disponibilité d'un point de charge qui peut s'avérer problématique : l'arrêt brutal du réseau Autolib' à l'été 2018, qui a laissé les Parisiens forts dépourvus, a prouvé qu'on ne pouvait pas se reposer uniquement sur les réseaux publics, trop instables en fonction des décisions. Mais à partir du moment où l'on peut brancher sa voiture tous les soirs dans son garage, aucun problème pour les trajets du quotidien. Le gros handicap devient alors le temps de charge perdu sur longs trajets par rapport à une voiture thermique.

Voilà pourquoi l'autonomie sur autoroute est une donnée primordiale, bien que jamais mentionnée par les constructeurs automobiles. Évidemment, puisqu'il s'agit de la plus défavorable ! Mais c'est aussi celle qui permet de dresser une véritable hiérarchie entre les modèles. Car certains constructeurs savent mieux maîtriser la consommation électrique que d'autres à 130 km/h. Cette consommation est liée à la gestion des moteurs, aux rapports de réduction choisis sur les essieux et à l'aérodynamique du véhicule. Une valeur en dessous de 20 kWh/100 km pourra être considérée comme excellente, et peu de modèles s'en tiennent à ce seuil : les Tesla Model 3 et Hyundai Ioniq font figure d'exception. À l'autre bout du spectre, certains dépassent les 30 kWh/100 km.

C'est le cas des Audi e-tron et Jaguar I-Pace. Notons également les prestations très médiocres des modèles PSA, avec des relevés à peine inférieurs à 30 kWh/100 km selon nos mesures, ce qui est énorme pour des modèles aussi compacts. Nous avons testé tous les modèles électriques aujourd'hui sur le marché, en mesurant l'autonomie réelle à 130 km/h (en étalonnant le compteur avec un GPS) avec une marge de 20 km de réserve, ainsi que leur vitesse de charge sur les bornes les plus puissantes compatibles. L'étude est limitée aux seuls modèles dotés de batteries de plus de 40 kWh. Le constat est clair : aucune voiture électrique aujourd'hui sur le marché n'est capable de répondre aux exigences du sondage Deloitte, où les consommateurs exigent 480 km d'autonomie et un plein complet entre une demi-heure et une heure. Pas de pessimisme toutefois : certains modèles, à l'image de la Tesla Model 3, parviennent à combiner autonomie généreuse et charge très rapide. Pour avoir réalisé ces tests, nous pouvons assurer que l'expérience est très acceptable pour un certain nombre de modèles, majoritairement haut de gamme. Mais pour certains, la polyvalence est inexistante. C'est le cas des modèles de PSA et du MG ZS EV, qui imposent de passer plus longtemps à charger qu'à rouler. Sur une Renault Zoé, on roule autant que l'on charge. Dépourvue de système de refroidissement actif, la Nissan Leaf 40 kWh refuse assez vite la charge rapide, à cause de surchauffe des cellules. Une difficulté supplémentaire tient à la chimie des batteries : comme sur un smartphone, les derniers pourcents de batterie sont plus lents à remplir. Voilà pourquoi la plupart des constructeurs annoncent un temps de charge à 80% de niveau de batterie. Vu la densité encore faible du réseau de charge rapide, il est malheureusement difficile, dans la plupart des cas, de s'en tenir à ce seuil pour rejoindre la prochaine station. Et faire un plein complet peut réclamer beaucoup plus de temps. Si certains modèles comme les BMW i3 ou Audi e-tron sont capables de maintenir des puissances très élevées jusqu'en fin de charge, ce n'est pas le cas de tous. Le pire étant le Ford Mustang Mach-E, qui n'accepte pas plus de 11 kW de puissance après 80%. Alors qu'il suffit de 40 minutes pour atteindre ce seuil, il faut près de 2 heures pour terminer la charge !

Autant de subtilités qui apparaissent difficilement dans les fiches techniques, et les vendeurs ne chercheront certainement pas à mettre en avant les quelques lacunes de leurs véhicules. Ainsi, à la suite de notre compte rendu d'essai, le responsable d'un service de presse, contrit du mauvais résultat de son modèle haut de gamme, nous a affirmé que la polyvalence n'était pas un critère d'achat pour ce type de véhicule et que les clients de ce modèle à près de 100 000 € avaient de toute manière une autre voiture thermique à côté pour les longs trajets. Une ineptie, étant donné l'impact écologique de la production d'une voiture.

Si la voiture électrique veut être largement diffusée, il lui faut assurer la totalité des usages permis par les modèles thermiques actuels. Les promesses non tenues risquent de faire des déçus auprès de clients qui seraient tentés de croire aux autonomies annoncées par les constructeurs, qui reprennent pour la plupart les valeurs d'homologation sur le cycle WLTP. Avant d'y goûter, il est difficile d'appréhender à quel point l'autonomie d'une voiture électrique peut chuter vite sur autoroute. Les premiers départs en vacances risquent de se transformer en chemin de croix pour les plus téméraires...

Performances des voitures électriques sur autoroute

Modèle	Autonomie promise	Autonomie mesurée sur autoroute	Temps de charge mesuré à 80%	Temps de charge mesuré à 100%
Tesla Model S Grande Autonomie	663 km	430 km	55 min	1h20
Tesla Model X Grande Autonomie	580 km	350 km	55 min	1h20
Tesla Model 3 Grande Autonomie/ Performance	580 km	350 km	25 min	1h
Porsche Taycan	416 km	340 km	25 min	40 min
Volkswagen ID.4 77 kWh	520 km	285 km	40 min	1h
Mercedes-Benz EQC	414 km	280 km	35 min	1h
Hyundai Kona 64 kWh	484 km	270 km	50 min	1h30
Kia e-Soul 64 kWh	452 km	270 km	50 min	1h30
Kia e-Niro 64 kWh	455 km	270 km	50 min	1h30
BMW iX3	459 km	265 km	35 min	1h
Ford Mustang Mach-E AWD	540 km	250 km	40 min	2h30
Jaguar I-Pace	470 km	240 km	45 min	1h25
Tesla Model 3 Autonomie Standard +	448 km	230 km	30 min	1h
Audi e-tron	446 km	220 km	30 min	40 min
Nissan Leaf e+	385 km	220 km	45 min	1h35
Volkswagen ID.3 58 kWh	425 km	210 km	35 min	1h
Hyundai Ioniq	311 km	200 km	50 min	1h30
Renault Zoé	395 km	200 km	1h	1h25
Hyundai Kona 39 kWh	289 km	160 km	50 min	1h30

Nissan Leaf 40 kWh	270 km	160 km	surchauffe	surchauffe
BMW i3s 120 Ah	305 km	140 km	40 min	55 min
MG ZS EV	263 km	130 km	40 min	1h10
Citroën ë-C4	350 km	130 km	45 min	1h30
DS 3 Crossback E-Tense	320 km	130 km	45 min	1h30
Opel Corsa-e	337 km	130 km	45 min	1h30
Opel Mokka-e	322 km	130 km	45 min	1h30
Peugeot e-208	340 km	130 km	45 min	1h30
Peugeot e-2008	320 km	130 km	45 min	1h30

Source : *Challenges*

LA VOITURE ÉLECTRIQUE ENCORE TRÈS CHÈRE

Si la voiture électrique peine à convaincre massivement, c'est aussi dû à son coût à l'achat. Aujourd'hui, seuls les modèles haut de gamme parviennent à afficher des tarifs au catalogue similaires à ceux de leurs équivalents thermiques. C'est le cas de la gamme Tesla, de la Porsche Taycan ou encore de l'Audi e-tron. Mais dès que l'on arrive sur la voiture de Monsieur ou Madame Tout-le-monde, l'écart se creuse car les moteurs essence ou diesel de ces modèles produits en très grande série permettent de faire baisser le coût unitaire, ce qui est moins le cas sur des moteurs à plus faible diffusion (V6 et V8, par exemple). Par contre, il est plus facile de noyer le coût de la batterie sur des modèles chers. Malgré les aides gouvernementales appliquées aux voitures électriques (6000 € plafonnés à 27% du tarif en dessous de 45 000 €, 3000 € entre 45 000 € et 60 000 €, plus de bonus au-delà), celles-ci restent plus chères à l'achat que leurs équivalents thermiques, dans la majorité des cas. Le tableau ci-dessous réunissant quatre modèles de catégories différentes en témoigne. Et pourtant, nous avons choisi des hypothèses assez avantageuses pour les modèles électriques. Par exemple, nous avons sélectionné pour le Mokka une motorisation de 130 ch essence, alors que les performances de la version électrique, malgré 136 ch annoncés, la rapprochent plus de la version 100 ch, du fait d'un poids supérieur. Quant au Kia e-Niro, nous avons mentionné le tarif de la version électrique la moins chère, qui est aussi la moins prisée du fait de sa plus petite batterie. L'écart se retrouve, de manière moins flagrante, dans les offres de leasing. Voilà pourquoi ce sont avant tout les entreprises qui, pour l'instant, se laissent convaincre par l'électrique : seule la réduction de fiscalité au niveau de la TVS (à laquelle les particuliers ne sont pas assujettis) permet d'absorber la différence. Aujourd'hui, ce sont justement les flottes qui représentent la majorité des achats de voitures neuves en général : en 2020, les particuliers n'ont représenté que 47% du marché. Et, parmi les ventes aux flottes, on compte 11,2% de véhicules électriques ou hybrides rechargeables. Voilà qui promet une marge de progression pour les ventes à l'avenir, à condition que la fiscalité avantageuse demeure. Pour les particuliers, il faudra offrir une solution de mobilité parfaitement aboutie, avec un surcoût négligeable ou acceptable.

Différence de tarif entre modèles électriques et thermiques mars 2021

Modèle	Tarif électrique (hors bonus éventuel)	Tarif thermique (hors malus éventuel)
Renault Twingo Zen	24 250 €	14 400 €
Opel Mokka Ultimate	42 050 €	30 600 €
Kia Niro Design*	41 100 €	33 190 €
Porsche Taycan Turbo S**	189 934 €	187 036 €

Source : constructeurs
*version électrique 39 kWh, prix de la 64 kWh : 45 100 €
**équivalent thermique : Porsche Panamera Turbo S

Si les voitures électriques sont chères, c'est en grande partie dû à leur batterie. Mais elles se soignent ! Une étude annuelle de Bloomberg révèle en effet que leur coût ne cesse de baisser d'année en année. En dix ans, il a presque été divisé par dix : de 1100 $ par kWh en 2010, à 135 $ en 2020. Ceci est notamment à mettre au crédit de la montée en cadence de production des cellules. La dynamique n'est donc pas près de s'arrêter : le seuil de 100 $/kWh devrait être atteint entre 2023 et 2025, selon l'évolution du cours des matières premières. Les voitures électriques sont chères, certes, mais beaucoup moins qu'il y a dix ans, où une Peugeot iOn était facturée 35 000 € hors bonus, avec une batterie de seulement 14,5 kWh. Aujourd'hui, une Renault Twingo électrique de gabarit comparable vaut 10 000 € de moins, avec une batterie de 22 kWh. Et on peut espérer qu'à l'avenir, elles avancent un tarif comparable à leurs homologues essence. À cet horizon, on pourra alors facilement imaginer que les gouvernements cesseront leurs subventions à l'achat.

Évolution du coût du kWh des batteries

	Coût kWh cellule	Coût kWh batterie
2010		1100 $
2013	458 $	668 $
2014	403 $	592 $
2015	257 $	384 $
2016	215 $	295 $
2017	155 $	221 $
2018	130 $	181 $
2019	110 $	157 $
2020	102 $	137 $
2023*		100 $
2030*		58 $

Source : Bloomberg
*estimations

COÛT AUX 100 KM : LA VOITURE ÉLECTRIQUE MOINS CHÈRE À L'USAGE, MAIS...

L'argument qui contrebalance le tarif élevé des voitures électriques est leur coût d'usage plus réduit. Cela concerne tant l'entretien (pas de vidange par exemple) que le coût du carburant pour 100 km. Car avec un tarif au kWh en heures creuses de 0,1353 €, les automobilistes qui disposent d'une prise à domicile peuvent parcourir 100 km pour une dépense comprise entre 2 € et 2,70 €. Imbattable, par rapport à un modèle thermique, où le coût du carburant aux 100 km oscille pour la plupart des modèles entre 6,30 € et 12 €. Voilà pour le meilleur des mondes. Mais dans la réalité, tout le monde ne dispose pas d'un parking couvert avec une prise électrique. Cela met les propriétaires de voitures électriques à la merci des tarifs des opérateurs locaux, et l'addition peut être salée. Sans même évoquer les tarifs du réseau parisien Belib', qui s'apparentent à du vol à main armée (jusqu'à 5,30 € du kWh à partir de la deuxième heure de charge !), l'électricité fournie sur la voie publique par un opérateur est forcément plus chère que celle directement facturée par EDF, car il faut composer avec l'amortissement de l'infrastructure. De plus, EDF refacture 1 kWh à l'opérateur, qui prend une marge. Le nouveau réseau Métropolis, qui promet 5000 bornes de charge dans le Grand Paris à l'horizon 2022, annonce ainsi un kWh à 0,36 €, ce qui correspond à un coût pour 100 km compris entre 5,40 € et 7,20 €, directement comparable à celui d'un modèle thermique. Pas question de subvention ici, au contraire : Métropolis verse une redevance aux communes à chaque charge.

Pour les charges rapides avec les bornes de forte puissance, incontournables lors des longs trajets, les tarifs sont bien plus élevés. Aussi et surtout, ils varient grandement en fonction des abonnements proposés par les opérateurs. Avec sa faible consommation et un réseau de Superchargeurs au tarif raisonnable, la Tesla Model 3 peut parcourir 100 km pour seulement 4,50 € après une charge rapide. Au contraire, un Jaguar I-Pace s'avère très consommateur en électricité, et son constructeur n'a pas jugé utile de nouer un partenariat avec un quelconque opérateur pour offrir des tarifs préférentiels à ses clients. Résultat : il en coûte 18,50 € d'électricité pour parcourir 100 km... C'est énorme : il est alors plus économique de prendre la route avec un Porsche Cayenne Turbo, gros SUV animé par un V8 essence 550 ch !

Si, à terme, on peut espérer une baisse des prix des voitures électriques à l'achat, rien n'est moins sûr concernant 1 kWh destiné à l'automobile. À cela une raison fiscale : aujourd'hui, les taxes représentent 61,4% du prix de l'essence à la pompe, et 58,6% pour le gasoil. Soit bien plus que 1 kWh d'électricité, déjà fortement taxé, à 39%. Si les voitures électriques se généralisent, on imagine que l'État devra trouver un moyen de compenser le trou dans son budget : les taxes sur les produits pétroliers destinés à l'automobile ont représenté en 2020 des recettes à hauteur de 43 milliards d'euros. Il n'y a, à notre connaissance, aucun projet du gouvernement visant à appliquer une quelconque taxe supplémentaire sur le kWh destiné aux voitures électriques. Mais lorsque la phase d'incitation à la transition vers la voiture électrique sera achevée, quelles seront les attitudes des gouvernements ? Si les compteurs connectés Linky ne sont pas capables seuls, à l'heure actuelle, de déterminer exactement quel appareil absorbe quelle puissance, l'ajout ultérieur de modules supplémentaires permettra de recueillir des informations plus précises. Ce qui signifie que taxer spécifiquement l'électricité automobile sera techniquement possible à l'avenir.

Nous ne commenterons pas ici le coût d'utilisation des modèles hybrides rechargeables, trop dépendant de leur utilisation. Une étude de l'ADEME parue en 2018 affirme qu'il s'agit là du type de modèle le plus économique... À condition de ne les utiliser qu'en mode électrique, ce qui revient à les assimiler à des modèles électriques à petite batterie. A contrario, un utilisateur qui ne charge jamais son véhicule devra supporter des dépenses plus élevées qu'un modèle à moteur thermique, du fait d'un tarif supérieur à l'achat et d'une consommation plus élevée en mode hybride, comme évoqué dans le chapitre 1.

ON NE SAIT PAS ENCORE FAIRE DE VRAIES SPORTIVES ÉLECTRIQUES

Beaucoup de publicités misent dans leur argumentaire sur le plaisir de conduire une voiture électrique, pointant ses bonnes performances. Cela mérite d'être fortement nuancé. L'avantage du moteur électrique, c'est qu'il délivre son couple maximal dès les plus faibles régimes. En somme, il suffit d'écraser l'accélérateur au démarrage pour immédiatement profiter de toute la capacité d'accélération, ce qui n'est pas le cas sur un moteur thermique, qui nécessite de monter dans les tours et de jouer avec l'embrayage dans le cas d'un modèle à boîte manuelle. La réactivité d'une voiture électrique est accessible immédiatement, sans effort ni savoir-faire. Mais ce type de fonctionnement a évidemment des contreparties. Si le couple maximal est disponible dès le départ, il chute lorsque le moteur atteint son régime de puissance maximal. Et comme la plupart des voitures électriques n'ont pas de boîte de vitesses, cela signifie une moindre vivacité au-delà de ce seuil, qui est généralement atteint à une vitesse comprise entre 50 km/h et 80 km/h sur la plupart des modèles du marché. Voilà qui donne l'impression que la voiture s'essouffle à partir d'une certaine allure : on retrouve certes toujours la réponse immédiate à l'accélérateur (pas besoin de rétrograder, comme sur une voiture essence, pour se remettre au bon régime), mais la poussée se fait moins franche. Ainsi, nous avons mesuré des reprises de 80 km/h à 120 km/h en 8 secondes environ pour une Peugeot e-208 électrique de 136 ch, alors que la version essence correspondante, PureTech 130 ch à boîte automatique, réalise le même exercice en 6 secondes environ. Une différence colossale qui s'explique par cette caractéristique des moteurs électriques, mais aussi par une masse nettement plus élevée : 1455 kg pour l'électrique contre seulement 1165 kg pour la version essence. Voilà pourquoi les constructeurs offrent des puissances de plus en plus élevées sur leurs modèles électriques.

D'autant qu'augmenter la cavalerie d'une voiture électrique est moins coûteux que sur une voiture essence, cela se fait principalement en jouant sur l'électronique de puissance. Également, on voit de plus en plus de constructeurs annoncer des chiffres d'accélération de 0 à 50 km/h, où les électriques sont avantagées. Bref, les supposées excellentes accélérations des voitures électriques se traduisent dans les faits, à puissance égale, bien plus sur l'agrément que sur les résultats au chronomètre.

Un autre point à prendre en compte, qui demandera des progrès technologiques importants avant d'être totalement résolu, concerne l'endurance des performances. On se souvient des premières Tesla Model S qui voyaient leur puissance très fortement réduite après seulement quelques minutes à pleine charge (nous avions mesuré une chute de 550 ch à 163 ch sur une Model S P85D en 2014, après quelques dizaines de secondes sur autoroute allemande). En cause : une surchauffe de la batterie qui limite la puissance pour préserver l'intégrité des cellules. Depuis, les technologies de refroidissement ont progressé, mais il apparaît toujours illusoire de vouloir aligner plusieurs tours de circuit. Un test sur le Nürburgring réalisé par Mathieu Sentis pour *L'Argus* à l'été 2020 avec une Porsche Taycan – aujourd'hui ce qui se fait de mieux en matière de sportive électrique – l'a de nouveau prouvé : « Si notre tout premier tour s'est déroulé sans encombre, le second n'a pu être achevé : après 10 km environ, une première perte de puissance s'est fait sentir... avant un véritable bridage à 80 km/h pendant 3 à 4 km, le temps que les batteries redescendent en température. [...] Excéder deux tours à bon rythme eût été illusoire : relevée à 27 kWh/100 km à 130 km/h stabilisés sur autoroute, la consommation au premier tour de piste s'est établie à... 138 kWh/100 km. Avec sa batterie de 83,5 kWh utiles, la Porsche Taycan Turbo S culmine donc à 60 km d'autonomie sur ce circuit, voire un peu moins, si on conserve de quoi rejoindre la borne de charge rapide. » Le journaliste précise que cette dernière est située à 40 km du circuit. Certes, il s'agit là d'un usage extrêmement minoritaire. Et certains constructeurs (Rimac, Lotus, Pininfarina...) annoncent déjà des sportives promettant des puissances aux environs de 2000 ch. Mais il s'agit là de modèles exclusifs en série très limitée, que personne n'a pu tester longuement sur circuit. Voilà une autre limite à la technologie : les clients de voitures sportives qui ont l'habitude d'utiliser leur voiture sur circuit (ils sont nombreux chez certains constructeurs comme McLaren) ne trouveront – pour l'instant – pas de monture adaptée à leurs besoins.

Reste le cas particulier des hybrides rechargeables. Cumuler moteur essence et électrique leur permet d'offrir des niveaux de puissance supérieurs, du moins sur le papier. Mais cela à une condition : qu'il reste de l'énergie dans la batterie. Et cela n'a rien d'évident, puisque l'usage théorique idéal de ce genre de voiture veut que l'on priorise le mode de fonctionnement tout électrique pour diminuer la consommation de carburant. Et, d'un autre côté, nous avons vu qu'un bon nombre de clients ne rechargeaient jamais leur hybride rechargeable. Bref, dans la pratique, une majorité de voitures hybrides rechargeables roulent avec une autonomie électrique affichée au tableau de bord à 0 km. À ce niveau, deux stratégies de gestion électrique sont possibles. Certains constructeurs choisissent de conserver un reliquat d'électricité, pour assurer la puissance maximale lors des accélérations. D'autres décident de favoriser l'autonomie en mode électrique, jusqu'à ne plus rien laisser d'énergie dans la batterie. La propulsion repose alors uniquement sur le moteur thermique. Dans ce dernier cas, cela signifie qu'une certaine proportion des clients ne verra jamais la couleur des performances annoncées sur la fiche technique. C'est le cas, par exemple, des hybrides rechargeables du groupe PSA. Ce qui est déjà moyennement acceptable sur un Peugeot 3008 HYbrid4, donné pour 300 ch, le devient encore moins sur une berline qui se veut sportive comme la 508 Peugeot Sport Engineered qui revendique 360 ch. Après avoir roulé en mode tout électrique, il nous a fallu nous contenter des 200 ch du moteur quatre-cylindres essence. Un gouffre par rapport à ce qui est annoncé ! Rouler en mode Sport, à un rythme coulé, permet de redonner un peu de charge à la batterie, mais cela n'est pas immédiat. A contrario, les hybrides rechargeables de Mercedes-Benz permettent, dans le mode le plus sportif, de ne jamais être à court de puissance à l'accélération, grâce à une gestion particulièrement efficace de la régénération au freinage. Entre ces deux extrêmes, il existe évidemment tout un tas de nuances, où le boost électrique s'épuise plus ou moins vite en conduite dynamique, d'un modèle à l'autre. Il est donc possible d'avoir des modèles hybrides rechargeables raisonnablement sportifs, mais tous sont loin de se valoir.

CHAPITRE 5

LA CHARGE RAPIDE, UN ENJEU CAPITAL

Le 14 février 2021, le ministre délégué chargé des Transports, Jean-Baptiste Djebbari, postait sur son compte Twitter une carte de France constellée de points rouges. Chacun d'entre eux symbolisait une station de charge rapide pour voiture électrique, avec un déploiement terminé à l'horizon 2022. Ceci est le prolongement de l'ambitieux plan de 100 000 bornes de charge ouvertes au public, annoncé en 2020. En dévoilant cette carte, le gouvernement a montré qu'il ne suffisait pas d'avancer un chiffre et d'installer des bornes pour rendre l'électromobilité vivable au quotidien. Il faut aussi les installer au bon endroit, à la bonne puissance : Jean-Baptiste Djebbari a ainsi annoncé vouloir, sur chaque aire d'autoroute française, une station comprenant au moins quatre bornes de charge rapide, dont deux d'une puissance minimale de 150 kW. Ce qui ferait passer le nombre d'aires équipées de 140 à 440. Un budget de 100 millions d'euros est prévu par l'État pour la mise en place de ce programme, avec un financement des stations à hauteur de 30%. Voilà qui devrait permettre de proposer une véritable solution pour les longs trajets en électrique, les zones blanches étant encore nombreuses. Car si la France n'est toujours pas maillée de chargeurs à haute puissance, c'est que la mise en place d'une infrastructure de charge rapide a été longue et chaotique.

LE MODÈLE TESLA

Dès l'été 2008, Tesla avait le lien entre la production de voitures électriques et le réseau de charge rapide. La marque californienne était alors embryonnaire, et ne vendait que la première génération de Roadster, une Lotus Elise électrifiée. Le responsable de la communication pour l'Europe du constructeur californien nous parlait alors du projet Whitestar, une grande berline 100% électrique, la future Model S. Le concept semblait alors bancal : un modèle de cette catégorie, typiquement choisi pour faire de longs trajets, ne pouvait offrir une polyvalence acceptable avec une telle motorisation. À l'époque, le concurrent Fisker annonçait sa Karma, hybride rechargeable qui semblait sur le papier bien plus adaptée. Pourtant, Fisker a fait faillite et Tesla est aujourd'hui le constructeur automobile à la capitalisation boursière la plus élevée au monde. Car Elon Musk, le fantasque patron de la marque, a eu l'intelligence de comprendre la limite de ses produits : pour aller loin, il faut pouvoir charger rapidement. La version définitive de la Model S était présentée le 22 juin 2012. Trois mois plus tard, le 24 septembre 2012, les premiers Superchargers étaient inaugurés aux États-Unis : la Model S pouvait ainsi accepter jusqu'à 120 kW, pour retrouver 50% de batterie en 20 minutes, 80% en 40 minutes et la totalité de la charge en 1 h 15 minutes. Grâce à cette idée, Tesla venait d'enlever le fil à la patte des voitures électriques. Bien sûr, il a fallu du temps pour déployer le réseau. Ainsi en France, il a fallu attendre 2015 pour envisager un trajet en Model S entre Paris et Strasbourg. Aujourd'hui (en date du 18 février 2021), le constructeur détient 2564 stations à travers le monde, pour un total de 23 277 points de charge.

Ce réseau de charge rapide est un véritable atout pour le constructeur californien. Propriétaire des bornes, Tesla les réserve à ses clients. Selon les années et les modèles, la charge peut être gratuite ou non. Mais, rapporté au kilomètre, le tarif de charge demeure toujours inférieur à ce qui est nécessaire pour rouler en voiture essence ou diesel. À force d'ouvrir de nouvelles stations, Tesla a pris une avance considérable sur la concurrence. Aucun réseau de charge rapide n'est aussi développé. Et celui-ci se complète de charges semi-rapides (puissance de 22 kW), appelées « charge à destination », dans des hôtels, golfs, restaurants et lieux touristiques. Tesla a montré le premier que conduire une voiture électrique sur longues distances était possible et facile. Aujourd'hui, en 2021, certaines régions comme la Bretagne ou la Normandie ne proposent pas d'autres réseaux de charge ultra-rapide que celui des Superchargers Tesla. Un avantage décisif : on achète une Tesla parce qu'elle fait envie, certes. Mais aussi parce que ce sont les seules voitures électriques capables d'aller partout, sans souci. Et le constructeur ne cesse d'entretenir et d'améliorer les performances de son infrastructure. Dernièrement, une nouvelle génération de bornes capables de délivrer une puissance de 250 kW a fait son apparition. De quoi, sur une Model 3, passer de 0 à 80% de charge en 15 minutes.

UNE INITIATIVE PLUS TIMIDE DE NISSAN

Avec sa Leaf lancée en 2010, Nissan fait également partie des pionniers du marché des voitures électriques. Dans une bien moindre mesure, le constructeur japonais a lui aussi voulu développer son propre réseau de charge rapide, en collaboration avec des enseignes comme Ikea ou Auchan. Contrairement aux Superchargers Tesla, ces bornes sont ouvertes à tout un chacun. Mais avec une subtilité : elles ne sont proposées qu'avec deux cordons, l'un CHAdeMO, qui correspond à celui de la Nissan Leaf donc, et un Type 2 alternatif. La seule voiture du marché capable d'accepter de fortes puissances avec ce dernier est la Zoé de Renault... partenaire industriel de Nissan ! S'il a cherché à servir ses clients, le constructeur japonais n'a pas hésité à les abandonner du jour au lendemain : le partenariat avec Ikea et Auchan, terminé à l'automne 2019, a laissé ces infrastructures à l'abandon... À peine trois mois après le lancement de la Leaf e+ au cours duquel Nissan vantait justement son réseau gratuit ! Assez malhonnête. Il faut dire que l'Ariya, prochaine électrique de la marque utilise un autre type de connecteur, le CCS Combo.

LE FIASCO IZIVIA

En 2016, la société Sodetrel (une filiale d'EDF) a donné le coup d'envoi du projet Corri-Door, première initiative publique pour un réseau de charge rapide à l'échelle de la France. L'idée : une station de charge d'une puissance de 50 kW, tous les 80 km sur les autoroutes de l'Hexagone. Celles-ci sont accessibles via un abonnement et compatibles avec toutes les voitures. Car ce sont des bornes tri-standard, c'est-à-dire qu'elles ajoutent aux connecteurs CHAdeMO et Type 2 un câble CCS Combo, la norme pour les véhicules électriques vendus en Europe. Voilà qui nous a permis, en décembre 2018, de rallier Paris depuis Cannes en une journée avec un Kia e-Niro. Preuve que l'initiative était valable.

Mais bien vite, les nuages se sont accumulés sur le réseau Corri-Door. Les matériels souffraient d'un manque de fiabilité chronique, laissant les automobilistes sans alternative : il n'y avait qu'un point de charge par aire d'autoroute, donc pas de joker en cas de panne. En février 2020, c'est la débandade : dans un communiqué de presse, Izivia (le nouveau nom de Sodetrel) annonce avoir dû désactiver 189 des 217 bornes du réseau, suite à des incidents techniques pouvant provoquer des problèmes de sécurité. Les bornes incriminées sont celles fournies par EV Tronic. EVBox, société propriétaire de EVTronic, remettait en cause le diagnostic d'Izivia. « Les deux incidents signalés ont fait l'objet d'une enquête approfondie de la part d'EVBox. Dans tous les cas, il n'y a pas de risque pour les utilisateurs finaux. » Surtout, EVBox a accusé Izivia de ne pas avoir correctement effectué l'entretien régulier des installations. « Une maintenance régulière et professionnelle est essentielle pour garantir la sécurité, la disponibilité, la performance et le rendement financier des réseaux de charge pour véhicules électriques. Dès la livraison de ses bornes pour le réseau Corri-Door en 2014 et 2015, EVBox a prescrit à Izivia une maintenance régulière. Cependant, EVBox a constaté que ces dernières années, la maintenance n'a pas été effectuée de manière continue. » L'affaire s'est terminée en contentieux entre les deux sociétés, laissant du jour au lendemain les utilisateurs sans solution de charge. Un an et demi après l'arrêt brutal du réseau Autolib' à Paris, voilà un deuxième signal fort de la fragilité des infrastructures de charge pour les voitures électriques.

Car Izivia n'a jamais réactivé ses bornes, comme le laissait alors entendre Christelle Vives, directrice générale d'Izivia, au micro de *Challenges*. « Relancer le réseau immédiatement, cela signifierait investir des millions d'euros pour la mise en place d'un nouveau matériel. Pour la plupart de nos emplacements sur autoroute, nous approchons de l'échéance des contrats de concession. Ceux-ci seront pour leur renouvellement soumis à appel d'offres. Investir pour remplacer le matériel sur des emplacements qui risquent de nous échapper dans quelques mois n'est pas pertinent. La fréquentation est relativement faible, avec en moyenne une recharge tous les deux jours sur chaque borne. » Il apparaît bien aléatoire d'imaginer que les réseaux publics ou privés installés à un instant T sont éternels. La mobilité électrique, sans mauvais jeu de mots, ne tient qu'à un fil !

IONITY RAME DERRIÈRE TESLA

Avec l'imminence des normes CAFE, les constructeurs automobiles ont dû mettre les bouchées doubles pour développer des modèles électriques. Tesla étant devenu la marque à abattre, nombreuses sont les marques à avoir lancé des berlines et SUV haut de gamme, équipés de grosses batteries. Voilà qui nécessite des infrastructures de charge rapide, qui sont pourtant proprement inexistantes. Comprenant qu'il s'agit d'un point clé pour l'attractivité de leurs modèles, certains constructeurs, majoritairement allemands, ont décidé de se fédérer en 2016, sous la bannière du consortium Ionity qui regroupe BMW, Daimler, Ford et le Groupe Volkswagen, rejoints en novembre 2020 par Hyundai-Kia. Le but : développer un réseau de charge ultra-rapide sur l'ensemble des grands axes européens. Les bornes délivrent jusqu'à 350 kW, pour les modèles bénéficiant d'une architecture électrique fonctionnant sous une tension de 800 Volts, ce qui est le cas de la Porsche Taycan, marque du Groupe Volkswagen. C'est en 2018 que les premières bornes sont implantées, avec un développement assez lent, sauf en Allemagne. Lors de sa première phase, Ionity a choisi un tarif unique et avantageux : 8 € pour une charge, quelle que soit la durée ou la quantité d'énergie récupérée. Puis, en janvier 2020, le réseau a annoncé ses tarifs définitifs, très salés, de 0,79 € le kWh, à comparer aux 0,24 € réclamés sur un Supercharger Tesla. À ce tarif, il revient bien moins cher de rouler à l'essence... Mais il y a un mais ! Ce tarif « tout venant » n'est pas appliqué à tout le monde. Les marques du consortium peuvent faire profiter à leurs clients d'abonnements aux tarifs avantageux, avec un kWh vendu aux environs de 0,30 €. En somme, avec ces prix exorbitants, Ionity ne cherche pas à surfacturer ses services, mais plus simplement à dissuader les acheteurs de modèles électriques produits par des marques ne faisant pas partie du consortium. Une stratégie finalement assez similaire à celle de Tesla, mais annoncée de manière moins frontale.

Hormis dans quelques pays, comme les Pays-Bas, où il existe d'autres réseaux, à l'image de Fastned, Ionity demeure la seule solution de charge rapide, malgré un maillage qui manque encore grandement de densité. Voilà qui a convaincu Hyundai de rejoindre l'aventure entre-temps. Mais certains constructeurs, à l'image de Renault, Stellantis ou Jaguar-Land Rover, ont choisi de rester à l'écart, principalement pour des raisons économiques. « Le budget nécessaire pour intégrer Ionity nous permettrait de développer notre propre réseau de charge rapide », nous assure-t-on chez Jaguar-Land Rover. Mais le constructeur britannique n'a pas non plus choisi cette dernière option, ce qui contraint les clients à payer le prix fort... ou à espérer l'émergence de nouveaux réseaux. La guerre des stations de charge rapide fait rage entre les marques, et c'est le client qui en pâtit.

EXISTE-T-IL UN VRAI MODÈLE ÉCONOMIQUE POUR LA CHARGE RAPIDE ?

Face à ces rivalités entre les marques, l'aide de l'État (subventions à l'installation des bornes) annoncée par Jean-Baptiste Djebbari pourrait donner le coup d'envoi d'une véritable offre de charge rapide. Mais les sociétés d'autoroute, qui ont pourtant signé cette charte, pointent du doigt l'absence d'un modèle économique des services de charge rapide viable. Car les infrastructures coûtent cher, et les clients sont encore rares. Voilà qui explique les tarifs élevés pratiqués par Ionity (0,79 €/min en France, tarification au kWh ailleurs) et Total (0,65 €/min). Ce dernier opérateur a pour ambition de développer en France un réseau comportant 300 stations de charge rapide d'ici fin 2023 : 100 sur les autoroutes, 100 sur les grands axes nationaux et 100 dans la périphérie des grandes villes. Une première station a été ouverte en 2020 en région parisienne sur l'aire de Limours-Janvry, mais depuis, le développement semble au point mort. Un réseau qui devrait s'élargir au niveau européen.

Outre cette impulsion, l'État français impose également pour toute station l'implantation d'une borne tristandard (CHAdeMO, Type 2 et CCS Combo), d'une puissance de 50 kW. De quoi laisser l'accès à tous types de modèles, quel que soit leur connecteur. C'est une manière de lutter contre l'obsolescence de certains modèles, comme les Nissan Leaf ou les premiers Kia Soul EV et Renault Zoé, non équipés de connecteurs CCS Combo. C'est également un moyen de proposer un service moins cher (0,49 €/min) mais toujours plus coûteux – rapporté au kilomètre – que le carburant d'une voiture thermique. À moins de rouler en Tesla, les voyages en voiture électrique ne sont pas encore un long fleuve tranquille...

CHAPITRE 6

COMMENT COMPLIQUER LA VIE DES CONDUCTEURS DE VOITURES ÉLECTRIQUES

Nous l'avons vu, les limites des voitures électriques font qu'elles ne peuvent pas convenir à tout le monde. Pour autant, un certain nombre de modèles permettent d'envisager de longs trajets ponctuels, à l'image par exemple des Tesla Model 3 et Porsche Taycan. Mais les caractéristiques seules de la voiture ne suffisent pas à les rendre faciles à l'usage. L'infrastructure de charge entre également en jeu et ses nombreuses lacunes compliquent sérieusement la vie des conducteurs de voitures électriques.

UN RÉSEAU INSUFFISANT

Aujourd'hui, l'immense majorité des charges de voitures électriques se fait durant la nuit, à domicile. Selon une étude publiée par Enedis en février 2021, 88% des possesseurs de voitures électriques n'utilisent jamais de bornes en voirie. Et on est tenté de les comprendre ! Acheter aujourd'hui une voiture électrique sans disposer d'un point de charge à domicile est parfaitement hasardeux. On se rappelle il y a quelques années les publicités de Renault pour le Twizy sur les arrêts de bus, vantant la possibilité de se recharger pour une somme modique sur les bornes du réseau Autolib'. Mais le 31 juillet 2018, le réseau d'autopartage était désactivé du jour au lendemain, et les bornes de charge avec, suite à un désaccord entre la Mairie de Paris et Bolloré, l'exploitant du service. 3000 points de charge disparaissaient soudainement. On ignore combien de Parisiens comptaient sur ces points de charge pour utiliser leur voiture au quotidien. Il a fallu six mois à la Mairie de Paris pour réagir, et réactiver à peine un tiers d'entre elles. Six mois pendant lesquels, potentiellement, plusieurs centaines d'automobilistes n'ont pas pu utiliser leur voiture, faute d'infrastructure. En 2021 enfin, un projet sérieux, lié à un appel d'offres émis par la Métropole du Grand Paris, a pu émerger. Il s'agit de Métropolis, un réseau qui devrait comprendre 5000 points de charge à l'horizon 2022. Le nombre peut paraître conséquent, mais il est en réalité faible : la Métropole du Grand Paris comprend plus de 7 millions d'habitants, et une étude de Kantas parue à l'été 2019 a révélé que 34% des foyers à Paris intramuros possèdent une voiture, proportion qui monte à 64% en petite couronne ! Le calcul est simple : l'infrastructure n'est absolument pas prête à absorber la transition massive et rapide vers la voiture électrique envisagée par les politiques (rappelons que la Mairie de Paris envisage d'interdire la circulation des voitures thermiques à l'horizon 2030). Et si les défenseurs de la voiture électrique sont prompts à souligner qu'il y a déjà plus de bornes de charge, rapporté au nombre de voitures électriques en circulation, que de pompes à essence rapporté au nombre de voitures thermiques, c'est oublier un point fondamental. Une voiture thermique ne monopolise son point de ravitaillement que pendant quelques minutes. Ce qui n'est absolument pas le cas d'une voiture électrique. Car les bornes de charge installées dans les centres-villes, en voirie, sont souvent des bornes de charge lente, développant une puissance entre 3 kW et 7 kW (ce qui est le cas des bornes Métropolis Proximité). Ce qui signifie qu'il faut entre 7 heures et 13 heures pour faire le plein complet d'une Renault Zoé sur ces installations. Et même si les voitures arrivent rarement à vider la totalité de leur batterie pendant une journée complète d'utilisation, ce qui nécessite moins de temps pour charger, on imagine mal leurs propriétaires se lever en pleine nuit pour aller les débrancher et laisser la place à un éventuel suivant. Le fait est là : une voiture électrique branchée le soir le reste jusqu'au matin. Ce qui signifie qu'il est nécessaire d'avoir un point de charge, disponible sans condition, pour chaque voiture en circulation. Surtout, leur installation doit être pérenne et en bas de chaque immeuble. Dans le cas contraire, la voiture électrique ne pourra convaincre d'autres automobilistes que ceux qui disposent d'un point de charge à domicile.

Ce qui est valable pour le réseau de charge lente, qui sert aux déplacements du quotidien, l'est également pour le réseau de charge rapide, qui sert aux longs trajets ponctuels. Celui-ci est, comme décrit dans le chapitre précédent, la clé pour assurer la polyvalence des voitures électriques, et lui permettre de répondre à tous les usages d'une famille. Aujourd'hui, ce n'est clairement pas le cas, et l'étude d'Enedis le prouve : la voiture électrique est une seconde voiture, 79% des propriétaires disposent d'un autre véhicule même si, dans 65% des cas, c'est la voiture électrique qui est le plus utilisée au quotidien, parcourant ainsi plus de kilomètres. C'est d'ailleurs souvent le cas pour toutes les deuxièmes voitures : l'utilisateur a tendance à privilégier pour les trajets de tous les jours la citadine, plus maniable. Pour les longs trajets, les infrastructures de charge rapide sont tout aussi hasardeuses que celles de charge lente. La première initiative en la matière au niveau national, le réseau Izivia lancé en 2016, a subi le même coup d'arrêt brutal qu'Autolib', quelques mois plus tard, en février 2020. Deux très mauvais signaux coup sur coup, alors même que les lancements de modèles électriques se multipliaient. Du jour au lendemain, une voiture électrique peut devenir inutilisable parce qu'une infrastructure ferme sans alternative. En décembre 2018, nous ralliions Cannes à Paris en douze heures grâce à Izivia. Un an et demi plus tard, c'était impossible. Le réseau Ionity se développe peu à peu en Europe pour compenser. Mais de nombreuses zones blanches demeurent. En 2021, il est impossible pour l'immense majorité des voitures électriques de faire un aller-retour entre Paris et Deauville sur la journée, sans passer des heures à charger sur une borne lente, ou prévoir son voyage plusieurs semaines à l'avance et demander un badge laissant accès à des bornes installées par des collectivités locales. La Bretagne n'a pas non plus de point de charge appartenant à un réseau national. On peut espérer que l'impulsion gouvernementale et le désir de voir des infrastructures rapides sur chaque aire d'autoroute aboutissent à une situation plus stable dans les années à venir. Mais l'injonction gouvernementale pour acheter des voitures électriques est déjà très forte aujourd'hui. Il semble aberrant de lâcher d'ores et déjà dans la nature des automobilistes sans solution de ravitaillement satisfaisante.

TROP D'INCOMPATIBILITÉ ENTRE LES CHARGEURS

Il existe une importante variété de connecteurs et de bornes... qui ne font que compliquer les possibilités de charge au quotidien. Pour la charge lente (en courant alternatif), ce n'est pas encore trop complexe. Toutes les voitures peuvent être chargées sur une prise électrique 220 Volts classique, avec un cordon adapté, dont l'autre embout est de Type 2 pour qu'il soit relié à la voiture. Mais si on veut tirer plus de puissance (7 kW, comme sur les Wallbox, ces boîtiers-transformateurs installés à domicile), il faut un deuxième cordon, avec deux embouts de Type 2. Dans les parkings souterrains et centres commerciaux, les deux variantes existent, ce qui impose, le plus souvent, de transporter deux câbles dans son coffre. Heureusement, les connecteurs de Type 3, spécificité française utilisée sur les premières Renault Zoé, sont en train de tomber en désuétude, ce qui simplifie le problème... Sauf pour les propriétaires de ces voitures, évidemment, qui doivent investir dans un adaptateur.

Pour la charge rapide, cela se complique, avec trois standards. Deux utilisent le courant continu : ce sont le CCS Combo, en passe de devenir le standard en Europe, et le CHAdeMO, utilisé par les constructeurs japonais (aujourd'hui, seules les Nissan Leaf et Lexus UX 300e utilisent ce dernier standard sur les modèles vendus neufs). L'avantage du CCS Combo est que la partie supérieure de sa prise est similaire à celle de Type 2 utilisée pour la charge lente, assortie de deux fiches supplémentaires. Voilà qui permet de diminuer la taille des trappes sur les voitures. Enfin, le troisième standard pour la charge rapide est une fois encore le Type 2, et il s'agit alors de charge en courant alternatif. Mais très peu de voitures peuvent accepter plus de 22 kW via ce canal : le transformateur coûte cher et seules les premières Renault Zoé, qui utilisaient l'électronique de leur moteur pour monter jusqu'à des charges de 43 kW en courant alternatif, sont compatibles.

Trois standards, cela signifie autant de câbles nécessaires sur les bornes. Et nombre d'installateurs choisissent de ne pas les installer tous, pour mieux servir certains clients. Ainsi Tesla, qui réserve la charge à ses clients, a fait le choix de n'installer que des connecteurs compatibles avec ses voitures (un Type 2 aux broches spécifiques pour accepter du courant continu lors des premières années, du CCS Combo aujourd'hui). Il en va de même de Ionity, qui ne propose que du CCS Combo, standard unanimement adopté par les marques à l'origine de ce consortium. Quant aux bornes installées par Nissan, elles ne comportent que des câbles CHAdeMO et Type 2 pour servir les Leaf, mais aussi les Zoé de son partenaire industriel Renault ! Voilà qui peut être trompeur, car toutes les voitures disposent d'un connecteur de Type 2. Et il semble légitime de penser que, si l'on possède une voiture qui accepte des charges rapides de plus de 50 kW, on pourra tirer la puissance maximale de 43 kW avec le connecteur de Type 2 des bornes Nissan. Grave erreur ! La puissance de charge maximale annoncée sur les fiches techniques correspond à celle acceptée en courant continu. Brancher une Hyundai, une Audi ou une Volkswagen électrique sur ces bornes fera qu'on plafonnera le plus souvent à 7 kW ou 11 kW, selon le chargeur embarqué. Il s'agit d'un choix du constructeur qui bride la charge, du fait que ces modèles sont optimisés pour le CCS Combo. C'est incompréhensible pour un néophyte et cela pourra se traduire par une cruelle désillusion lors de la première tentative, avec une charge six fois plus lente qu'espérée. D'ailleurs, la récente étude d'Enedis prouve que cet environnement est bien trop complexe : 60% des possesseurs de voiture électrique ne connaissent pas la puissance de charge de leur auto.

Pour éviter les problèmes de connecteurs, la loi française impose, pour chaque installation d'une station de charge à haute puissance, la mise en place d'au moins une borne rapide « tri-standard », délivrant 50 kW et dotée des trois connecteurs. Une obligation à laquelle toutes les stations d'autoroute, implantées sur des concessions, devront se plier, qu'elles s'appellent Ionity, Total ou qu'elles portent le nom de n'importe quel futur acteur qui souhaiterait s'implanter sur le marché. Mais les initiatives privées de Tesla et Nissan, installées sur des terrains privés, échappent à cette obligation.

DES MOYENS DE PAIEMENT TROP COMPLEXES

Incroyable mais vrai : la charge d'une voiture électrique est sans doute la seule chose en France qu'on ne peut pas payer directement avec une carte bancaire. Derrière les excuses fallacieuses des opérateurs (« il faut vivre avec son temps, c'est pour ça que nous avons créé une application connectée ») se cache une réalité économique : un terminal de carte bancaire coûte cher et le débit de clients sur les infrastructures de charge est aujourd'hui insuffisant pour en assurer la rentabilité. Pourtant, les fabricants de bornes ont à leur catalogue des matériels équipés. Mais ils les déconseillent aux opérateurs, justement pour cette raison. Un pays a choisi la voie du pragmatisme en imposant la mise en place d'un terminal de carte bancaire sur chaque nouvelle borne. C'est le Royaume-Uni et ce, depuis juin 2019. Michael Ellis, alors ministre des Transports, avait des paroles empreintes de sagesse : « Le gouvernement souhaite que le Royaume-Uni dispose d'un des meilleurs réseaux de charge pour véhicules électriques au monde, et nous avons conscience que la variété des moyens de paiement est aujourd'hui une source de frustration pour les automobilistes. Il est crucial d'apporter des moyens de paiements faciles pour améliorer l'expérience des conducteurs de voitures électriques et leur laisser le choix. Cela permettra à un public plus large de profiter des bénéfices des voitures électriques et d'accélérer la transition vers des véhicules zéro émissions. » Dans le même temps, David Newton, le PDG de BP Chargemaster, premier réseau de charge outre-Manche, s'engageait à aller plus loin que les recommandations du gouvernement. « Non seulement nous allons proposer ce type d'équipement sur toutes nos futures bornes de 50 kW et 150 kW, mais nous allons également équiper toutes les bornes déjà installées dans un délai de douze mois. »

Contrastant avec le pragmatisme britannique, la gabegie domine encore en France et dans la plupart des pays européens. Car il n'existe toujours pas de solution universelle pour payer sa charge sur tous les réseaux. Le plus souvent, cela passe par un abonnement auprès de l'opérateur, assorti d'un badge RFID. Mais imaginerait-on pouvoir payer son plein d'essence en station uniquement avec la carte de fidélité de la compagnie pétrolière ? Certes, de plus en plus d'opérateurs, comme Ionity ou Total, mettent en place des QR codes sur les bornes, qui renvoient à un site de paiement en ligne. Mais rentrer les références de la carte bancaire sur smartphone est fastidieux. Sans compter que, dans certaines zones, la connexion en 4G est parfois insuffisante pour permettre le paiement via un smartphone qui devra disposer de suffisamment de batterie pour mener l'opération à terme !

Alors, pour faciliter la vie des conducteurs de voitures électriques, certaines sociétés indépendantes tentent de proposer des badges capables d'offrir l'accès au plus grand nombre possible de réseaux de charges. C'est le cas du ChargeMap

Pass ou du KiWhi Pass ou encore des badges Charge Now et New Motion. Malgré leur volonté, il arrive que ces badges ne fonctionnent pas partout. Sur un forum, nous avons ainsi trouvé le témoignage d'un automobiliste qui, avec sept badges différents sur lui, n'est pas parvenu à recharger sur une borne ! Si ces badges peuvent être souscrits en direct auprès de leurs opérateurs, ils sont également proposés par les constructeurs automobiles à leurs clients. Mais cela rajoute un intermédiaire. Nous avons ainsi eu quelques déboires avec un ChargeMap Pass fourni par Jaguar lors d'un essai, avec lequel il nous a été impossible de nous connecter à une borne sur laquelle nous avions réussi à nous connecter quelques jours plus tôt avec un ChargeMap Pass standard. Peu après, nous avons croisé un propriétaire d'I-Pace, qui voulait tester la charge pendant un dîner chez des amis. Il lui a également été impossible de se brancher à cet endroit. D'autres constructeurs, comme Volkswagen, font le pari de négocier directement avec les sociétés qui gèrent les bornes. Mais le badge We Charge, qui nous a été fourni par le constructeur lors de l'essai, de l'ID.3 n'a finalement fonctionné que sur les connecteurs Ionity, consortium dont Volkswagen fait partie. Cinq autres essais avec ce même badge se sont soldés par des échecs, signe que la solution est loin d'être universelle... Y compris sur la borne rapide de l'aire de Limours-Javry, exploitée par Total ! Voilà qui laisse mal augurer de la compatibilité de We Charge, alors même que Total a d'ores et déjà annoncé des ambitions à l'échelle européenne. Comment le badge universel Volkswagen a pu passer à côté de Total, opérateur d'une telle importance ? Comment surtout peut-on se permettre de facturer au client un abonnement de 17,49 € par mois pour une promesse qui n'est pas tenue ? Bref, il est temps de se débarrasser de ce système abscons, où le client est perdant : non seulement les incompatibilités sont trop nombreuses mais les opérateurs de ces badges prennent une commission à chaque charge, en plus d'un abonnement.

Si la France n'a pas su taper du poing sur la table pour imposer des terminaux de carte bancaire sur chaque borne, comme c'est le cas au Royaume-Uni, une solution est à l'étude et elle se présente sous la forme de la norme ISO 15118. Le but est d'harmoniser au niveau de l'Union européenne le protocole de communication entre les voitures et les bornes. Ainsi, en rentrant ses coordonnées de carte bancaire dans un compte en ligne lié à la voiture, il suffit de la brancher pour que la charge démarre, comme chez Tesla. Si le constructeur californien a réussi cela, pourquoi les autres n'y sont-ils pas arrivés ? Roch El Khouri, directeur du domaine de l'électrification à l'institut Vedecom, a une explication simple : « Il est toujours plus facile de concevoir des bornes communicant sans difficulté lorsqu'il n'y a qu'un protocole et qu'un type de voiture. Notre but est d'harmoniser non seulement la communication entre la borne et le véhicule, avec un protocole *plug and charge* qui permet le paiement directement, sans utiliser un smartphone ou une carte bancaire, mais aussi d'autres services associés. Ce, quels que soient l'opérateur et le modèle du véhicule. » Techniquement, la norme ISO 15118 ne nécessite pas de grande révolution : elle consiste principalement à mettre tous les opérateurs et constructeurs d'accord, notamment en ce qui concerne le protocole de cybersécurité. Cette harmonisation européenne est indispensable : il semble impensable qu'un touriste venant des Pays-Bas ne profite pas des mêmes facilités qu'un Français.

Voilà pourquoi les échanges entre constructeurs, notamment français et allemands, convergent vers un même objectif, avec une volonté commune d'harmonisation. Mais cela prend du temps, et l'horizon semble bien lointain, avec de premières applications concrètes espérées à l'horizon 2023... Soit après que l'objectif des 100 000 bornes voulues par le gouvernement sera atteint ! Cela signifie que l'actuelle génération de voitures électriques, en cours de lancement, n'en profitera pas non plus. Celle-ci sera obsolète très rapidement. Malgré une bonne volonté évidente, l'inertie est trop importante pour résoudre rapidement les grandes difficultés de recharge.

DES TARIFS PEU CLAIRS

Il existe certes des bornes gratuites, en accès libre, notamment dans les centres commerciaux. Car il s'agit là d'un service rendu au client, destiné à l'attirer pour faire son shopping. Mais contrairement aux carburants traditionnels, dont le prix au litre varie assez peu d'un endroit à l'autre, s'y retrouver dans les tarifs de recharge électrique est un véritable casse-tête. Cela tient déjà à l'unité de facturation, qui n'est pas la même partout. Lorsqu'on recharge, on cherche avant tout à récupérer une quantité d'énergie dans sa batterie. Et pourtant, il est très rare que la charge soit facturée au kWh. C'est le cas sur les Superchargeurs Tesla, ce sera le cas chez Métropolis, alors que Ionity, qui était un des rares autres opérateurs à avoir choisi cette facturation, a fait machine arrière, uniquement en France. Cela vient d'une spécificité de la loi française qui impose, pour la facturation au kWh, que la borne soit équipée d'un compteur à la norme « MID », permettant de compter légalement l'électricité. Gilles Bernard, président de l'AFIREV (Association française pour l'itinérance de la recharge électrique des véhicules) estime que c'est la raison du revirement de Ionity (passage d'une tarification du kWh à la minute) : « Ionity n'a peut-être pas installé de compteur DC aux normes. » Ceci explique d'autant mieux son changement de politique tarifaire justifié par le fait que « les autorités de surveillance du commerce commencent sévèrement à interroger les opérateurs, ils leur demandent comment est fait le comptage. »

En conséquence, les opérateurs facturent aujourd'hui pour la plupart la charge à la minute. Pour les charges lentes, tout le monde est logé à la même enseigne, toutes les voitures ont peu ou prou des chargeurs capables d'absorber sans problème la puissance maximale. Mais il est parfois difficile de prévoir la durée de charge et son coût final. C'est en particulier le cas sur le réseau Belib', géré par la Mairie de Paris. Pour éviter que les voitures demeurent en stationnement trop longtemps, le tarif est évolutif : de 1 € le quart d'heure lors de la première heure, il passe à 4 € au-delà ! Pire : la charge lente est facturée au même prix que la charge rapide. Si bien que, avec le connecteur de 3 kW, on se retrouve à payer 5,30 € le kWh. Soit... trente-cinq fois le tarif facturé par Engie, et ce qui reviendrait à près de 100 € pour parcourir 100 km. Du vol à main armé, qui n'existe pas qu'à Paris, mais également dans d'autres villes européennes : lors d'une traversée de l'Europe en Hyundai Kona electric à l'été 2020, les journalistes de *L'Automobile Magazine* se sont ainsi acquittés d'une facture de 110,59 € pour récupérer seulement 13,13 kWh dans la ville de Sulz, en Autriche. Près de la moitié de ce que leur a coûté en électricité leur périple de plus de 2000 km ! Le problème est que, noyés dans un tas de variables en fonction de l'heure et de la puissance de charge, ces frais ne sont pas évidents. Les résidents connaissent, on peut le supposer, les subtilités de leur quartier, mais ce n'est pas le cas des visiteurs qui peuvent se faire abuser par des tarifs excessifs.

Pour la charge rapide, la tarification à la minute pose un autre problème : elle ne met pas toutes les voitures sur un même pied d'égalité. Entre une Porsche Taycan qui peut accepter une puissance jusqu'à 260 kW et une Hyundai Ioniq qui va plafonner à 43 kW, l'écart est grand et toutes les autos ne rentabiliseront pas de la même manière le temps passé à la borne. D'autant que le client continue à payer le prix fort même lorsque la puissance chute à cause d'une défaillance de la borne. Et ce paramètre n'est pas toujours facile à vérifier, surtout si l'on profite du temps de la charge pour déjeuner et que la voiture n'est pas équipée d'un système d'application sur smartphone connectée. Également, les offres d'abonnement font énormément varier les tarifs. L'exemple le plus frappant concerne Ionity, où le prix de la charge à la minute est facturé 0,79 € (un tarif très élevé, qui rend les charges rapides très chères : le coût kilométrique est alors bien plus élevé qu'avec n'importe quelle voiture essence), contre 0,30 € avec un abonnement mensuel. Mais cela impose, pour le rentabiliser, d'utiliser fréquemment le service et de savoir précisément, avant de le souscrire, quels sont ses besoins. Bref, prévoir le coût d'une charge relève de la gageure et le faible nombre d'opérateurs, qui limite les effets de concurrence, n'a rien pour arranger une situation qui tourne en défaveur du client.

DES PANNES RÉCURRENTES DE L'INFRASTRUCTURE

Fin 2018, Izivia se targuait dans un communiqué de presse de la qualité de son centre d'appels, qui avait été capable de traiter 7600 demandes au cours de l'année. Mais si on prend le problème à l'envers, on se rend compte que cette statistique est bien peu glorieuse. Car le réseau avait enregistré 40 000 charges au cours de l'année. Cela signifiait, en d'autres termes, que près de 20% des charges effectuées sur le réseau ont nécessité un recours au centre d'appels, et donc ont généré des problèmes. Ce réseau ayant été démantelé à la suite d'un trop grand nombre de défaillances, on pourrait estimer que la situation est meilleure sur d'autres réseaux. Ce n'est malheureusement pas le cas, bien au contraire. En février 2021, une étude de l'Afirev portant sur un parc de 22 000 points de charges et 505 utilisateurs de véhicules électriques révélait de nombreux dysfonctionnements : 74% des utilisateurs se sont heurtés à une connexion impossible à la borne, 70% ont eu à subir un arrêt inopiné lors de la charge et 64% ont eu affaire à un câble bloqué. 54% des sondés ont rencontré au moins une fois chacun des trois problèmes lors des six mois précédents, alors que 83% ont rencontré au moins un de ces trois cas. De plus, 85% d'entre eux sont déjà tombés sur des bornes hors service. Sur ce parc de 22 000 bornes, 25% des 596 000 charges effectuées ont rencontré des problèmes.

Ces multiples défaillances, nous les avons rencontrées plus d'une fois lors d'essais. Chez Izivia, ce fut la charge rapide qui s'interrompt au bout de quelques dizaines de secondes, au point de nécessiter un appel à l'assistance pour réinitialiser trois fois de suite. Au bout de trois fois, et après avoir récupéré seulement 3 kWh en 45 minutes, on se résout à abandonner, même si on n'a pas de quoi arriver à destination. Il faut alors se rabattre sur une borne lente et attendre. Car Izivia ne proposait qu'un point de charge par aire d'autoroute, ne laissant aucune alternative en cas de panne matérielle. De nombreuses fois, nous avons eu le problème du badge incompatible. C'est le cas le plus épineux : car entre l'opérateur du badge et celui des bornes, il y a généralement trois intermédiaires, ce qui multiplie le potentiel de défaillance. Et les opérateurs se renvoient la balle lorsqu'on appelle le service de secours. Il nous a fallu une fois passer vingt minutes au téléphone avant de pouvoir lancer la charge avec un ChargeMap Pass qui avait pourtant fonctionné la veille : l'assistance Izivia estimait qu'une option du badge n'avait pas été sélectionnée... Alors même qu'il n'existe pas d'option par réseau pour celui-ci ! L'appel chez ChargeMap fut plus fructueux, mais il a fallu un certain temps avant de comprendre que le badge s'était mystérieusement désactivé depuis la veille. Ces mésaventures datent d'il y a deux ans environ, une éternité à l'échelle de l'électro-mobilité. Mais les galères se poursuivent. Nous avons eu des refus de charge chez Ionity (en particulier avec des Tesla), ce qui nous a conduits à appeler l'assistance. Et, un jour de grand départ en vacances, nous avons dû nous contenter d'une assistance téléphonique ne parlant qu'anglais ou allemand ! Pire, nous n'avons jamais pu résoudre un problème d'identification de badge sur une borne exploitée par la société Electric 55 Charging, car notre coup de fil au centre d'appels a sonné dans le vide : celui-ci n'est ouvert que du lundi au vendredi, aux horaires de bureau. Quelle idée avons-nous eu de rencontrer un problème un dimanche soir !

L'EXCEPTION TESLA

Avec toutes ces mésaventures, on pourrait imaginer que la voiture n'est toujours pas sortie de l'âge de pierre. Dix ans après le lancement des Nissan Leaf et Renault Zoé, voyager avec bon nombre de ces autos demeure effectivement une épopée qui doit être soigneusement préparée, en utilisant des aides comme ChargeMap, un site internet qui recense la localisation, la puissance et l'état de toutes les bornes. En passer par là est nécessaire car, dans la plupart des voitures électriques, le GPS repris des modèles thermiques n'est pas adapté. Bon nombre de GPS ne sont même pas capables de signaler, au moment de calculer l'itinéraire, que la batterie n'a pas assez d'autonomie pour arriver à destination. Les voitures électriques capables de prévoir un itinéraire pertinent, avec des arrêts de charge optimisés, et dont la durée est prise en compte dans l'heure d'arrivée, se comptent sur les doigts d'une main.

Un unique constructeur a tout compris à ces problématiques. Il s'agit de Tesla. Les voitures californiennes sont les premières électriques avec lesquelles nous avons entrepris de longs trajets et ce sont celles que nous avons utilisées le plus fréquemment à ce dessein aussi. Jamais nous n'avons eu de problème. Le réseau de Superchargeurs est plus dense que n'importe quel autre et parfaitement entretenu et mis à jour. Au lancement de la Model 3, qui était le premier modèle de la marque à adopter un nouveau connecteur CCS Combo, il n'a fallu que trois mois pour que l'ensemble des stations européennes soient adaptées au nouveau modèle ! Voilà qui laisse songeur, face aux six mois nécessaires à la Mairie de Paris en 2018 pour ne réactiver qu'un tiers des bornes Autolib'. Il y a évidemment quelques lacunes chez Tesla, évoquées par ailleurs dans ces pages. Mais le constructeur ne doit pas son succès qu'à l'image fantasque de son patron Elon Musk : c'est aujourd'hui le seul à avoir réellement considéré la mobilité électrique comme un ensemble complet, qui comprend la voiture, son infrastructure de charge (rapide ou lente avec des bornes installées dans bon nombre d'hôtels, restaurants et lieux touristiques) et son système de navigation. Cela dure depuis 2015 en Europe, depuis 2013 en Amérique du Nord. Malgré des moyens colossaux, les constructeurs traditionnels n'ont étonnamment pas été capables d'égaler celui qu'il considérait comme un épiphénomène à sa naissance.

DES VOITURES PAS FINIES

Aujourd'hui, l'infrastructure est la principale cause de tracas pour les possesseurs de voitures électriques. Mais, récemment, nous avons rencontré une recrudescence inquiétante des défaillances sur les nouveaux modèles de voitures. Pressés par les normes CAFE et une communication qui ouvre les commandes bien avant la mise en production, les constructeurs sont pris entre le marteau et l'enclume, quitte à lancer des modèles insuffisamment mis au point. En l'occurrence, Tesla est le champion des retards de livraison. Les montées en cadence des usines sont souvent laborieuses ; il faut dire que le constructeur californien, encore jeune, apprend à chaque nouveau modèle. Il lui a fallu installer une fin de chaîne de montage à l'extérieur du bâtiment de Fremont, sous des tentes, pour tenter de répondre à la demande de sa Model 3. Et celle-ci a souffert de défauts de qualité, notamment dans la précision de l'assemblage des panneaux de carrosserie, alors que certains modèles ont vu leur bouclier arrière s'arracher après avoir roulé dans une flaque d'eau.

Citroën a également connu des déboires inédits avec son Ami, une voiture sans permis électrique pourtant très basique.

Comment imaginer qu'après plus d'un siècle d'automobile, le constructeur bute sur un problème aussi élémentaire que celui des serrures ne parvenant plus à se verrouiller, avec pour conséquence des portes qui s'ouvrent en marche ? De nombreux problèmes d'étanchéité et de pertes de puissance ont également été relevés. Une campagne de rappel a été lancée au printemps 2021.

Pressé par les commandes et les objectifs de CO_2 CAFE 2020, Volkswagen a fait le choix assumé de livrer ses ID.3 avec un logiciel inachevé, mis à jour plusieurs mois plus tard sur les véhicules livrés. Avec pour conséquence des lenteurs sidérantes du système au démarrage, une absence de planification d'itinéraire avec arrêts de charge dans le GPS, et l'indisponibilité dans les premiers temps des systèmes de réplication de smartphone (Android Auto et Apple CarPlay). Des dispositifs qui sont pourtant proposés sur tous les autres modèles de la gamme.

La charmante citadine Honda e souffre de son côté de sa batterie 12 Volts, qui gère les accessoires. Il suffit de s'arrêter quelques minutes avec le contact allumé pour qu'elle se vide et que la voiture refuse de démarrer. Nous avons fait l'expérience désagréable de tomber ainsi en panne de batterie... alors même que la batterie principale de traction était chargée à 80%. Un problème logiciel toujours non résolu un an après la commercialisation.

Fiat a fait le pari de renouveler sa 500 uniquement en version électrique, qui promet une charge rapide avec une puissance maximale de 85 kW. Peine perdue : lors de notre test sur une borne Total capable de 175 kW, la charge a plafonné à 15 kW, rallongeant la durée promise de 15 minutes à 3 heures. Le phénomène s'est répété avec un deuxième exemplaire, ainsi qu'avec d'autres modèles testés par Fiat. Le constructeur n'a pas rencontré de problème sur la borne tri-standard de 50 kW de la même station Total, et il semblerait qu'il n'y ait pas de problème chez Ionity. Il n'empêche, suite à notre essai, Fiat a été incapable d'expliquer le problème : il n'y a pas de borne ultra-rapide chez Fiat France et aucun journaliste français n'avait testé la charge rapide auparavant. Du côté de la maison-mère, on s'interroge également, car sur le centre d'essai de Balocco, en Italie, il n'existe pas de borne capable de délivrer plus de 50 kW. Il semblerait donc que, côté constructeur, jamais la Fiat 500 e n'ait été testée à ses pleines capacités avant le lancement !

Pour son premier modèle électrique, l'UX 300e, Lexus (filiale de Toyota) a fait le choix d'un connecteur CHAdeMO. Étrange mais pas vraiment handicapant, puisque toutes les stations publiques ont l'obligation de proposer un tel cordon. Mais il y a un hic : nos essais ont mis en lumière une incompatibilité avec les bornes fabriquées par DBT. Après deux refus de charge successifs lors d'un essai, il nous a fallu rentrer en taxi.

Ces divers cas sont présents a priori sur tous les exemplaires des modèles au lancement. Nous n'avons pas mentionné les bugs sporadiques rencontrés parfois lors des essais, qui ne seraient susceptibles de toucher que quelques exemplaires. L'accélération de ces défauts de conception sur les modèles récents incite plus que jamais à la prudence lors de l'achat d'un modèle qui vient de sortir. Et le nombre d'architectures techniques (tant mécaniques que logicielles) 100% nouvelles, lancées dans la précipitation, ne laisse pas augurer une amélioration de la situation dans les mois à venir.

CHAPITRE 7

ACHETER UNE VOITURE ÉLECTRIQUE AUJOURD'HUI, C'EST COMME ACHETER UN MAGNÉTOSCOPE JUSTE AVANT L'ARRIVÉE DES DVD

La motorisation électrique est tout, sauf nouvelle. Il convient de rappeler que, en 1900, les voitures électriques représentaient 38% des ventes aux États-Unis (contre 40% pour les modèles à vapeur et 22% pour ceux à essence)[1]. Un an auparavant, à Achères, le Belge Camille Jenatzy, surnommé le « Diable Rouge » du fait de sa barbe rousse, était le premier à franchir la barre symbolique de 100 km/h avec sa Jamais Contente, animée par des batteries Fulmen. Si la voiture électrique n'a pas su s'imposer il y a plus d'un siècle, c'est pour les mêmes raisons qui freinent aujourd'hui sa diffusion : une trop faible autonomie et un coût élevé. Pourtant, elle disposait à l'époque d'avantages encore plus évidents qu'aujourd'hui, à commencer par un démarrage bien plus aisé que les voitures à essence d'alors, qui réclamaient d'actionner la manivelle, véritable épreuve physique. Le lancement de la Ford T en 1908, produite en grande série et vendue à un tarif inférieur à tout ce qui roulait à l'époque, a signé le début de l'hégémonie de la voiture à essence, qui a très vite progressé et corrigé ses faiblesses.

Au cours du XXe siècle, les voitures électriques n'ont jamais vraiment disparu. En temps de pénurie (pendant la Seconde Guerre mondiale notamment), ou pour animer de petites

1. Source : Flinck, America adopts the automobile, 1895-1910, Cambridge : the MIT press, 1970.

voitures urbaines avec déjà l'écologie comme alibi, il y eut des initiatives régulières mais souvent isolées. Jamais les grands constructeurs automobiles n'ont sérieusement tenté de développer cette technologie, qui semblait impossible à généraliser sur tous les types de véhicules. Dans le même temps, les moteurs essence et diesel ne cessaient de progresser, et la voie d'avenir semblait plutôt promise à l'hydrogène. Déjà sous la menace des normes CAFE californiennes, General Motors a lancé en 1996 le programme EV1, d'une voiture 100% électrique associée à une infrastructure de charge. Mais l'opération était loin d'être rentable, malgré un loyer élevé (l'EV1 n'était proposée qu'à la location). Face aux avertissements des constructeurs, le gouvernement californien a fait machine arrière dans sa volonté d'imposer le tout-électrique.

Ce n'est qu'à la fin des années 2000 que d'ambitieux programmes concernant la voiture électrique ont vu le jour. Carlos Ghosn, tout-puissant patron de l'Alliance Renault-Nissan, y croit dur comme fer. Au Salon de Francfort en 2009, il annonce une gamme complète de modèles électriques chez Renault sous la forme de quatre concept-cars préfigurant des modèles de série. Il estime qu'en 2020, les voitures électriques représenteraient 10% du marché et 20% des ventes de l'Alliance Renault-Nissan. Une véritable erreur d'appréciation : ce sera en réalité dix fois moins. Mais le constructeur fut l'un des premiers à donner le coup d'envoi de la vague des voitures électriques, promise plusieurs fois par le passé.

Au début des années 2010, technologiquement, tout restait à inventer ou presque, les Nissan Leaf, Renault Zoé et Fluence

Z.E. souffraient d'une autonomie très faible : à peine 100 km en conditions réelles. C'était toujours deux fois plus que la Clio électrique commercialisée au compte-gouttes vingt-cinq ans plus tôt, et dont la vitesse ne dépassait pas 95 km/h. Ce maigre progrès est à mettre au crédit des batteries au lithium qui ne nécessitaient pas d'entretien, contrairement aux précédentes batteries au plomb. Les grands constructeurs automobiles n'ayant jamais travaillé d'arrache-pied sur la question de la voiture électrique, la marge de progrès était énorme.

UN ACHAT RISQUÉ

Les annonces de Renault au début des années 2010 et la multiplication des prototypes électriques dans les Salons automobiles ont commencé à attirer l'œil des politiques, qui ont voulu encourager cette mobilité jugée écologique. Subventions et appel à projets ont suscité les vocations de nombreux constructeurs plus ou moins artisanaux, qui ont estimé qu'il serait aisé de s'intégrer dans un marché naissant, où les technologies n'étaient pas encore poussées. C'était oublier un peu vite que concevoir une voiture est un métier complexe, qui ne se résume pas à assembler une motorisation et une batterie choisies chez un fournisseur. Combien de fois avons-nous conduit, dans ces années pionnières de la voiture électrique, des modèles au comportement routier dangereux, à la finition calamiteuse, au confort spartiate et au style innommable ? Le tout vendu à un tarif bien plus élevé que n'importe quel modèle équivalent thermique. De nombreuses petites entreprises naissantes ont ainsi vécu seulement quelques années, perfusées à l'argent public, après n'avoir vendu qu'une poignée d'exemplaires. En France, la faillite n'a pas épargné Mia,

Eco & Mobilité ou Lumeneo, dont les autos étaient indigentes. Aux États-Unis, Coda a subi le même sort. Les raisons ont été plus complexes dans le cas de Fisker, dont la berline hybride rechargeable était sexy et aboutie. Les Allemands de Loremo ne sont jamais parvenus à commercialiser, faute de fonds suffisants, leur intelligente petite auto, légère et profilée. L'échec n'épargne pas les grands : l'emblématique fabricant d'électroménager britannique Dyson a annoncé fin 2019 renoncer à son projet de SUV électrique, après y avoir englouti 2,5 milliards de livres sterling, soit 2,8 milliards d'euros. Le projet n'aurait pas été suffisamment concurrentiel par rapport aux modèles déjà sur le marché, ce qui aurait mis en péril sa rentabilité. Et on peut imaginer que ces faillites ne seront pas les dernières. Les situations d'autres marques naissantes comme Faraday Future, E.Go, Byton ou encore Sono Motors ne sont guère enviables. Acheter une voiture auprès d'un de ces nouveaux constructeurs apparaît éminemment risqué. Comment trouver des pièces de rechange lorsque le constructeur n'en produit plus parce qu'il a mis la clé sous la porte ? Comment revendre sur le marché de l'occasion une auto dont personne n'est capable d'assurer l'entretien ?

Le risque est certes moins élevé auprès des groupes industriels établis, qui doivent légalement assurer le suivi des pièces détachées pendant dix ans après l'arrêt de fabrication de leurs modèles. Mais cela n'en fait pas pour autant de bonnes affaires : la baisse continue des coûts de production permet régulièrement aux marques de casser les prix. Ainsi, à l'été 2015, Peugeot a-t-il décidé d'écouler les stocks de sa citadine iOn en les proposant pour seulement 14 490 €... alors même qu'elle était vendue 35 000 € quelques semaines auparavant. Dans ce contexte, inutile d'espérer vouloir revendre sa voiture d'occasion, achetée plein pot quelques semaines, mois, ou années auparavant, à un tarif décent.

Tesla est également coutumier de ces baisses soudaines de tarif, et dans des proportions encore plus importantes. À son lancement en 2017, la Model S P100D était vendue 172 250 €. Début 2019, l'addition était déjà descendue à 149 500 €. En mars 2019, le constructeur californien a annoncé une chute brutale : du jour au lendemain, la facture n'était plus que de 98 300 € ! De quoi, là encore, faire s'effondrer la cote de ce modèle sur le marché de l'occasion. En janvier 2021, nouvelle coupe franche dans les tarifs, cette fois de la petite sœur, la Model 3 : la version d'entrée de gamme, Autonomie Standard Plus, passait de 49 900 € à 43 800 €. Ce nouveau tarif donnait en plus accès à une aide gouvernementale supérieure, de 7000 € au lieu de 3000 €. De quoi finalement faire baisser le prix pour le client particulier de plus de 10 000 €. Les deux versions supérieures, Grande Autonomie et Performance, baissaient dans les mêmes proportions : de 57 800 € à 51 990 € pour la première (le bonus reste identique à 3000 €) et de 65 990 € à 59 900 € pour la seconde, qui pouvait ainsi avoir accès à un bonus gouvernemental de 3000 € qui lui était interdit auparavant. Si ces tarifs en chute libre peuvent attirer de nouveaux acheteurs, ils suscitent légitimement la colère des clients ayant acheté le même modèle peu de temps auparavant, comme en témoignent les interviews menées par les journalistes d'*Automobile Propre*. « Nous allons nous rapprocher d'une association de consommateurs pour obtenir des conseils sur les actions que nous pouvons mener. La baisse importante des prix des Model 3 est une véritable destruction de la cote Argus sur les exemplaires d'occasion. Pour mon propre cas, cette opération équivaut à la perte de mon apport initial. Concrètement, si je revendais maintenant ma Model 3 livrée en septembre dernier, je ne pourrais pas rembourser intégralement le crédit. » Avec ces baisses tarifaires, Tesla reprend à son compte une politique en vigueur sur le marché de la high-tech, où les produits sont bradés à mesure que leur technologie coûte moins cher. Mais si le marché d'occasion est secondaire pour les smartphones, c'est une donnée primordiale dans l'automobile, où nombre d'acheteurs prennent en compte la revente de leur auto dès l'achat. En brisant les règles du jeu, le constructeur californien dilapide le patrimoine de ses clients et fait de plus la sourde oreille à ses réclamations. « La réponse est toujours la même : Elon Musk veut une voiture électrique abordable pour tout le monde. »

DES MODÈLES TRÈS VITE DÉMODÉS

La baisse brutale des tarifs de certaines voitures électriques est évidemment néfaste pour leur valeur. Mais il existe un autre facteur de dépréciation, c'est la vitesse du progrès technologique. D'une génération à l'autre, les performances sont souvent améliorées de manière très importante, ce qui n'est pas le cas sur les modèles essence ou diesel, qui reprennent le plus souvent les mécaniques de leurs prédécesseurs, agrémentées de quelques évolutions mineures. En somme, si on prend l'exemple de la gamme Renault, une nouvelle Clio ne démode pas la précédente Clio. Alors qu'une Zoé électrique rend complètement obsolète la précédente mouture. Le tout, généralement, sans augmenter les tarifs de manière scandaleuse. Voilà une manière un peu plus subtile de faire profiter le client de l'amélioration des technologies : plutôt que de baisser le prix, et donc la valeur d'un modèle existant, on en propose un nouveau, sans augmenter la facture ou presque. L'exemple de la Zoé est particulièrement parlant, puisque ce modèle n'a pas fait l'objet d'un renouvellement total depuis son lancement en 2012. Il n'a évolué que par petites touches, avec de nouveaux moteurs (qui n'ont pas changé grand-chose pour le client) et, surtout, une nouvelle batterie en 2016 à la capacité presque doublée, au grand bénéfice de l'autonomie. En 2019, la batterie a encore gagné en capacité, alors que l'extérieur et l'intérieur ont subi un restylage. Le tableau ci-dessous montre que, à chacune de ces évolutions, les tarifs n'ont que modérément augmenté, en tout cas dans des proportions pas plus importantes que celles des modèles essence dans le même temps. On pourrait penser que ce *statu quo* est lié au fait que Renault a choisi de commercialiser sa voiture avec une batterie en location. Mais le loyer de cette dernière n'a quasiment pas augmenté à chaque nouvelle évolution. Et la Renault Zoé n'est pas un cas isolé : il suffit pour s'en rendre compte de constater que l'évolution suit quasiment la même trajectoire sur les BMW i3 et Nissan Leaf.

Évolution de la Renault Zoé

Année	Version	Autonomie NEDC	Tarif (batterie en location)
2012	Renault Zoé	210 km	20 700 €
2016	Renault Zoé ZE40	403 km (316 km WLTP)	23 700 €
2018	Renault Zoé II	395 km (WLTP)	23 900 €

Source : Renault

Évolution de la BMW i3

Année	Version	Autonomie NEDC	Tarif
2013	BMW i3 60 Ah	190 km	34 990 €
2016	BMW i3 94 Ah	312 km	36 690 €
2018	BMW i3 120 Ah	359 km*	39 950 €

*NEDC corrélé
Source : BMW

Évolution de la Nissan Leaf

Année	Version	Autonomie NEDC	Tarif
2011	Nissan Leaf	199 km	35 000 €
2016	Nissan Leaf 30 kWh	250 km	35 255 €
2018	Nissan Leaf II	378 km (270 km WLTP)	35 700 €
2019	Nissan Leaf e+	385 km (WLTP)	43 700 €

Source : Nissan

Avec l'élargissement des gammes, la situation devient encore plus complexe. Lorsque Tesla a lancé sa Model S, il s'agissait d'une offre unique sur le marché. Certains clients se sont tournés vers ce modèle pour ses évidentes qualités, sans forcément avoir besoin d'une berline aussi imposante ou puissante. Lorsque la petite sœur Model 3 est arrivée, de nombreux clients se sont reportés sur la nouvelle venue, bien moins chère et à l'autonomie à peine moins importante. On peut imaginer que le même phénomène se reproduira chez Audi. Qui voudra encore du gros SUV e-tron (437 km d'autonomie WLTP, pour un tarif à partir de 84 200 € avec la plus grosse batterie) lorsque le petit frère Q4 e-tron arrivera. En plus d'être moins cher (50 000 € environ estimés avec la plus grosse batterie), il devrait offrir une autonomie supérieure du fait d'une consommation mieux maîtrisée (520 km WLTP pour son cousin le Volkswagen ID.4). Non seulement Audi risque de peiner à écouler ses e-tron mais il faudra également casser les prix sur le marché de l'occasion, pour tenter de détourner les clients du nouveau Q4 e-tron.

UNE VALEUR RÉSIDUELLE TRÈS INCERTAINE

Les baisses de tarif, l'évolution technologique rapide et l'arrivée de nouveaux modèles moins chers aux performances proches sont autant de facteurs à même de faire chuter la valeur résiduelle des voitures électriques. Acheter un modèle électrique neuf, c'est s'exposer à une forte dépréciation. Yoann Taitz, directeur des opérations chez Autovista, souligne, dans une interview au *Particulier* en mars 2021, la dépréciation nettement plus importante des modèles électriques : celle-ci est de 57% au bout de trois ans (pour une citadine), contre seulement 32% pour une hybride et 34% pour un modèle essence. Selon ce spécialiste, une voiture électrique est également plus difficile à écouler : il faut en moyenne 49 jours pour la vendre, contre 36 pour une essence. Pourtant, ces dernières années, la cote des modèles est parvenue à se maintenir de manière assez satisfaisante, à cause d'une offre relativement rare et de l'appétit des marchés norvégiens et néerlandais, qui absorbaient à eux seuls 60% des voitures électriques d'occasion françaises ! Mais ces derniers commencent à saturer, et l'augmentation des ventes de voitures électriques neuves promet pour bientôt une déferlante sur un marché de l'occasion, dont on doute de la capacité d'absorption. Tout porte donc à croire que les valeurs résiduelles des voitures électriques vont encore chuter « Depuis le dernier trimestre 2020, nous avons dû baisser la cotation de nombreux modèles, premium comme généralistes », assure Yoann Taitz.

Pour le client, la seule solution qui permet d'éviter l'incertitude de la dépréciation est de choisir une offre de leasing. Un loyer mensuel est fixé au moment de contracter cette location longue durée. Ce qui signifie que, lorsque le terme est échu, il advient au constructeur (ou au loueur) de remettre le véhicule sur le marché, donc de prévoir sa valeur à cette date, généralement après trois ans d'utilisation par le client. Cette valeur résiduelle, au même titre que le prix de la voiture neuve, entre en compte dans le calcul du loyer. Pour que les offres demeurent attractives, il faut que les loyers ne soient pas trop élevés par rapport à un modèle équivalent, hybride ou thermique. Cela signifie donc que le constructeur doit s'engager sur une valeur résiduelle élevée en fin de contrat. C'est un risque réel, qui peut se solder par une perte financière. Mais le faible loyer est le seul moyen de faire basculer le client vers l'électrique, et donc de satisfaire les exigences des normes CAFE sur les émissions de CO_2. Les pertes financières potentielles ne sont qu'un moindre mal puisqu'elles permettent, d'un autre côté, d'échapper aux amendes de l'Union européenne. D'un constructeur à l'autre, ces politiques concernant les valeurs résiduelles surévaluées des voitures électriques sont plus ou moins exagérées. Elles ne pourront sans doute pas être éternelles : lorsque les parcs de voitures d'occasion seront saturés de modèles électriques trop chers pour les clients à la recherche d'une voiture de seconde main, il faudra casser les prix. Ce sera sans doute le début de la démocratisation réelle de la voiture électrique, mais qu'adviendra-t-il alors de l'équation économique de ces modèles chez les constructeurs ? C'est un mystère auquel seul l'avenir apportera une réponse.

Dans tous les cas, ces instabilités concernant l'évolution de la technologie et la valeur de revente sont néfastes pour le bilan écologique. En effet, cela oriente massivement les clients vers les offres de leasing, avec un renouvellement de la voiture qui intervient généralement au bout de trois ans. La voiture ne termine certes pas à la casse à cette date, mais en accélérant le renouvellement des voitures neuves, un effet domino se produit, qui accélère également le renouvellement des modèles d'occasion, quitte à envoyer prématurément des voitures à la destruction. Plus encore que par leur type de motorisation, c'est par leur mode de commercialisation que les voitures semblent aujourd'hui avoir un impact écologique néfaste.

En ne faisant payer au client qu'une fraction du prix de la voiture (le tarif neuf, auquel on retranche la valeur résiduelle estimée en fin de contrat), les locations longue durée permettent surtout aux consommateurs de devenir propriétaires de voitures qu'ils n'auraient pas eu les moyens d'acheter autrement. Ce sont des modèles plus chers, donc généralement plus haut de gamme et plus lourds, à la consommation en carburant plus élevée et nécessitant plus de matières premières pour leur fabrication.

CHAPITRE 8

Y AURA-T-IL ASSEZ DE BATTERIES POUR TOUT LE MONDE ?

Les batteries sont composées de nombreux métaux rares. La chimie des électrodes peut varier d'un type de cellule à l'autre, mais il est un constituant incontournable de par ses propriétés physiques : le lithium. Il s'agit d'un élément chimique léger et facilement oxydable, ce qui en fait le meilleur choix pour la densité énergétique des batteries. C'est donc la clé pour la fabrication des voitures électriques.

LA PRODUCTION DE LITHIUM A PRIORI SUFFISANTE

La demande croissante pour les voitures électriques devrait doper la production de lithium. En 2020, la demande au niveau mondial a été de 47 300 tonnes environ, selon GlobalData, chiffre qui devrait monter à 117 400 tonnes en 2024. En 2020, la production a excédé la demande avec 58 800 tonnes. Car la hausse des ventes de voitures électriques n'a pas été aussi importante qu'envisagée. Le tonnage de lithium a même chuté de 18,2% par rapport à l'année précédente (78 200 tonnes). Même si les fabricants d'électronique ont également besoin de ce métal, ce sont bel et bien les voitures électriques, étant donné les quantités mises en jeu, qui vont faire exploser le marché du lithium. Les estimations parlent d'une augmentation des ventes de voitures électriques et hybrides rechargeables, de 3,2 millions en 2020 à 12,7 millions en 2024. Ce qui laisse augurer une augmentation de la demande mondiale de batteries dans les mêmes proportions, qui passerait de 95,3 GWh en 2020 à 410,5 GWh en 2024. Aujourd'hui, les rapports des analystes de GlobalData et McKinsey Global concordent : il ne semble pas y avoir de risque de pénurie de lithium dans les années à venir. Toutefois, un dirigeant de Standard Lithium, Robert Mintak, déclarait dans une interview accordée à Bloomberg que la forte demande nécessiterait de nouvelles méthodes d'extraction à partir de 2025. L'entreprise travaille notamment au développement d'un procédé plus rapide de récupération des ions lithium dans les saumures. L'expérience du pétrole, avec une échéance de pénurie sans cesse repoussée à mesure que les techniques d'extraction progressaient, devrait se répéter avec le lithium : il est fort peu probable de se retrouver à court de ce métal.

PRODUIRE DES CELLULES, UNE AFFAIRE PLUS COMPLEXE

Il ne suffit pas d'extraire le lithium. Encore faut-il le transformer en cellules de batteries à des cadences suffisamment élevées pour équiper les voitures. Aujourd'hui, c'est là que le bât blesse. Elon Musk, lors de la présentation des résultats de Tesla en janvier 2021, concédait qu'il n'avait pas accès à autant de cellules de batteries qu'il le voudrait. Cela retarde deux de ses projets : le camion Semi et le pick-up Cybertruck. « Nous avons été très clairs avec nos fournisseurs, qu'il s'agisse de CATL, Panasonic ou LG : nous sommes preneurs de tout ce qu'ils peuvent produire. » Aujourd'hui, la Chine représente 80% de la production de cellules de batteries au lithium, au niveau mondial. De nombreux constructeurs affirment produire leurs propres batteries, comme par exemple Daimler, via sa filiale Deutsche Accumotive, mais c'est un abus de langage. Ces derniers ne font aujourd'hui qu'assembler les cellules fournies par des tiers, en l'occurrence LG Chem pour Daimler.

Cela ne les met donc pas à l'abri de heurts au niveau de la production. En 2020, Daimler a dû revoir à la baisse les volumes de production de son SUV électrique Mercedes-Benz EQC (de 60 000 exemplaires à 30 000 exemplaires), justement à cause d'une pénurie de cellules de la part de son fournisseur.

L'approvisionnement en cellules de batteries est donc devenu un enjeu stratégique. C'est la raison pour laquelle, lors du lancement de la Volkswagen ID.3 au Salon de Francfort en 2019, l'ingénieur expert de la plateforme MEB, Frank Bekemeier, nous confiait que le constructeur allemand faisait appel à trois fournisseurs : CATL, LG Chem et SK Innovation. Précisément pour diluer les risques de pénurie.

Le sujet est même devenu politique, avec la volonté au niveau européen de constituer un « Airbus des batteries », né du rapprochement de Stellantis (réunion de PSA et Fiat-Chrysler) et Saft (filiale de Total spécialisée dans les batteries). En novembre 2020, le ministre de l'Économie Bruno Lemaire déclarait lors de la conférence de l'Alliance européenne des batteries : « Nous n'avons pas vocation à avoir une industrie automobile dont le tiers de la valeur dépend des pays asiatiques. » Le vice-président de la Commission européenne, Milos Sefcovic, estimait dans le même temps que « d'ici 2025, l'Union européenne sera en mesure de produire suffisamment de cellules de batteries pour répondre aux besoins de l'industrie automobile européenne, et même renforcer notre capacité d'exportation. » Le tout devrait être assorti d'une réglementation exigeante d'un point de vue écologique concernant la production des cellules, qui devra être « la meilleure de la planète ».

L'APPARITION DES GIGAFACTORIES

Assurer des capacités de production suffisantes pour équiper les voitures électriques qui sortiront des chaînes par millions est devenu une priorité pour la plupart des constructeurs. Tesla est, une fois encore, celui qui a pris un coup d'avance en entamant dès 2015, en collaboration avec Panasonic, la construction de sa Gigafactory dans le Nevada, une unité de production devenue opérationnelle en 2017. Le nom de Gigafactory est on ne peut plus explicite : il s'agit d'une usine capable de débiter chaque année plusieurs GWh (gigawatts heure) de batterie, un GWh équivalant à un million de kWh. Une fois terminée, la Gigafactory sera le bâtiment ayant la plus grande surface au monde. Sa capacité sera de 35 GWh par an. Et le constructeur californien ne compte pas s'arrêter là, avec une deuxième Gigafactory en cours de construction à Grünheide, dans les environs de Berlin. En septembre 2020, lors du « Battery Day », une conférence annonçant la stratégie de la marque en termes de batterie pour les années à venir, Elon Musk annonçait que Tesla, sur toutes ses usines, visait une capacité de 100 GWh en 2022 et 3000 GWh en 2030. À elle seule, la Gigafactory de Berlin assurera 100 GWh à ses débuts et jusqu'à 250 GWh en pleine cadence, ce qui en fera l'usine de batteries ayant la plus grosse capacité de production au monde.

Si Tesla est en avance, deux poids lourds européens préparent déjà leurs Gigafactories, en convertissant des sites existants. Le fameux « Airbus des batteries », fruit du rapprochement entre Stellantis et Saft, dont le nom définitif est ACC (Automotive Cells Company), s'installe à Douvrin dans le Pas-de-Calais, site historique de la Française de mécanique. Créé conjointement par Renault et Peugeot en 1969, ce site assemble aujourd'hui les moteurs trois-cylindres destinés aux modèles de Stellantis. 34 hectares vont être convertis à partir de 2022 pour lancer la production de batteries l'année suivante. L'objectif est d'atteindre 24 GWh en 2030, en trois tranches de 8 GWh.

Du côté du Groupe Volkswagen, c'est l'usine de Salzgitter en Basse-Saxe qui sera transformée pour pouvoir produire des cellules de batteries. Depuis sa création en 1970, le site a débité 61 millions de moteurs thermiques, allant du petit trois-cylindres de la citadine up! jusqu'au monstrueux W16 de la Bugatti Chiron, moteur automobile le plus puissant au monde. C'est aussi à cet endroit que se trouve le centre de recherches sur les batteries pour le groupe. La production de cellules devrait débuter en 2024, à une cadence de 16 GWh annuels, ce qui représenterait environ 10% de la demande annuelle en Europe à cet horizon, selon le constructeur. À terme, c'est une capacité de 40 GWh qui est visée et ce sera le cas sur six sites en Europe, pour atteindre une production annuelle de 240 GWh à l'horizon 2030. Avec de telles ambitions industrielles, les voitures électriques ne devraient pas être à court de batteries.

CHAPITRE 9

UNE VOITURE ÉLECTRIQUE EST-ELLE DURABLE ?

Si nous avons évité au maximum, tout au long de ce livre, de donner des estimations d'impact écologique rapporté au kilomètre de tous les types de véhicules, c'est que celles-ci n'ont, à notre avis, aucun sens. Car elles reposent sur une hypothèse de durée de vie impossible à vérifier : nous n'avons pas trouvé de statistiques précises permettant de déterminer une moyenne du kilométrage auquel un véhicule arrive en fin de vie. Certains partent à la casse au bout de quelques centaines de kilomètres à cause d'un accident, d'autres terminent leur vie après plusieurs centaines de milliers de kilomètres en Afrique où l'on perd trace de leur usage... Pourtant, il ne faut pas oublier que dans la locution « développement durable », il y a le mot « durable ». Faire durer les objets semble être un pilier de l'écologie, trop souvent oublié par les incitations politiques. Un problème majeur aux yeux de Lucien Willemin, spécialiste de l'énergie grise (énergie nécessaire pour la fabrication de chaque objet) et auteur du livre *En voiture Simone*. « L'énergie grise, c'est l'un des plus grands vecteurs de pollution. Et pourtant, nos programmes politiques n'en tiennent pas du tout compte. Et ça c'est grave ! » Elle se cache dans la fabrication des voitures, certes, mais aussi des machines qui les produisent, l'infrastructure routière, les engins qui construisent l'infrastructure routière... Un tourbillon de données qu'il est extrêmement difficile de chiffrer et qui rend l'analyse du cycle de vie très aléatoire. « Plus un objet est complexe, plus l'estimation est approximative, affirme Lucien Willemin. Nous, citoyens, sommes régulièrement invités à changer d'objet pour économiser de l'énergie. Changer de voiture pour consommer moins d'essence, changer d'électroménager pour consommer moins d'électricité. Pour baisser notre consommation d'énergie, nous sommes invités à augmenter notre consommation matérielle. La technologie propre n'existe pas : avant d'être propre ici, il a fallu salir ailleurs. La solution, c'est d'acheter moins, consommer moins, prendre soin de ses objets. » On a vu plus avant dans ces pages qu'il faudrait parcourir environ 250 000 km avant d'effacer les émissions liées à la production d'une voiture qui rejetterait 20 g/km de CO_2 de moins que celle qu'elle remplace. Voilà qui ne fait que confirmer cette thèse, complètement à l'encontre des incitations fiscales et des restrictions de circulation qui enjoignent d'envoyer à la casse des voitures encore en parfait état de fonctionnement. Quelques voix dissonantes nous rassurent heureusement, à l'image de celle du maire de Gennevilliers, Patrice Leclerc, opposé à la mise en place d'une Zone à faibles émissions avec restrictions de circulation dans sa ville. Il citait l'exemple d'une dame de 80 ans, qui possédait depuis trente ans la même voiture, en parfait état avec seulement 30 000 km au compteur. Voiture qu'on voudrait aujourd'hui rendre obsolète !

Permettre une augmentation de la durée de vie des voitures semble incontournable pour diminuer leur impact. C'est aussi le point de vue de Louis-Pierre Geffray, jeune ingénieur spécialisé dans l'analyse du cycle de vie. Lors d'une interview par les journalistes de *Petites Observations Automobiles*, il estimait que le kilométrage des voitures devrait significativement augmenter pour respecter les engagements climatiques fixés à l'horizon 2050. Il évoque même des valeurs de 800 000 km, ce qui s'apparente aujourd'hui à de la science-fiction !

LA DURÉE DE VIE DES VOITURES DIMINUE PLUS QU'ELLE N'AUGMENTE

Même si l'écologie est au cœur des débats, la durée de vie des voitures a tendance à diminuer. Comment cela est-il possible ? Parce que les réglementations se focalisent sur les émissions à l'échappement, mais aussi parce que les modes de vente évoluent. Le leasing prédomine aujourd'hui face à l'achat comptant qui était majoritaire autrefois, parfois financé par un crédit auprès d'une banque. Désormais donc, les produits sont conçus en fonction de ce nouveau mode de consommation. Plusieurs remarques frappantes de la part de représentants des constructeurs l'ont mis en lumière ces dernières années. Ce fut le cas lors du lancement d'une voiture électrique dont la batterie était garantie huit ans. Un journaliste a demandé au directeur de la filiale française ce qu'il advenait après cette échéance. La réponse fut sans détour : « Après huit ans, une voiture n'est plus cotée à l'Argus. Cela signifie qu'elle n'a plus de valeur officielle, plus d'existence pour le réseau d'occasion de la marque. » Autrement dit, une voiture de plus de huit ans serait bonne à jeter. Voilà qui rejoint les paroles d'un autre directeur, qui estime que les voitures sont aujourd'hui conçues pour tenir 160 000 km sans défaillance majeure. Car les premiers 120 000 km correspondent en moyenne à la distance parcourue lors du contrat de leasing, et les 40 000 km restants sont le seuil généralement atteint par le propriétaire en seconde main. Le véhicule est alors encore sous le sceau d'une garantie par le réseau professionnel qui s'est occupé de la transaction. Au-delà, à partir de la troisième main, les véhicules quittent le réseau officiel et échouent chez des clients qui achètent des voitures à leurs risques et périls, souvent chez des marchands d'occasion indépendants. Si une panne arrive, le constructeur n'aura pas à en assumer les conséquences.

Si la durée de vie effective des voitures diminue, c'est que leur complexité augmente. Réparer demeure possible, mais cela coûte cher. La notion de VEI (Véhicule économiquement irréparable) fait partie du quotidien des assurances : il appartient à l'expert de calculer le montant des réparations d'un véhicule accidenté, pour que celui-ci n'excède pas sa valeur vénale. L'écologie n'entre pas en jeu ici. L'assureur cherche à dépenser le moins possible, entre réparation ou remboursement de l'épave. Il en va de même pour le propriétaire d'une voiture âgée, qui réfléchira à deux fois avant de remettre en état une pièce défectueuse. Aujourd'hui, la moindre défaillance électronique peut avoir des conséquences coûteuses. La complexité des systèmes d'infodivertissement et des divers périphériques de dépollution des moteurs, la multiplication des commandes sans lien mécanique (plus de levier de vitesses, mais de simples touches de commandes sur les voitures électriques, par exemple) multiplient les risques de panne. Ce sont des problématiques complexes, qui réclament pour être traitées un outillage électronique codé, que les constructeurs automobiles conservent le plus souvent jalousement pour leur réseau, ce qui leur permet de fixer de tarif de l'opération. Faire réparer une voiture dans un garage indépendant devient de plus en plus difficile. Seules quelques petites marques confidentielles (XYT, Sono Motors, MPM Motors récemment disparue) prennent le parti de la réparabilité. Elles mettent leurs manuels d'entretien en open-source et prennent soin de ne pas réclamer d'outillage spécifique.

Quelle que soit leur motorisation, les voitures semblent de plus en plus devenir des produits de consommation à durée de vie limitée. Espérer parcourir plus de 300 000 km avec une voiture produite aujourd'hui est illusoire. Les électriques n'échappent pas à la règle. Pourtant, leurs moteurs très simples sont quasiment increvables. Et la fiabilité des batteries, véritable sujet d'inquiétude il y a encore quelques années, s'avère meilleure dans les faits que ce que l'on craignait. Geotab, spécialiste de l'analyse des données des flottes de véhicules, a mis au point un outil permettant de calculer la dégradation moyenne d'une batterie au fil des ans, par modèle et en fonction de l'usage, en se basant sur les statistiques de 6300 voitures. La synthèse de l'étude est sans appel : « Les batteries font preuve d'une excellente tenue dans le temps. Si les niveaux de dégradation observés se maintiennent, l'immense majorité des batteries dépassera la durée de vie du véhicule. » En moyenne, selon ces données, une batterie perd 2,3% de capacité par an. Cela varie évidemment en fonction d'un grand nombre de paramètres, comme le climat, l'usage (une voiture peu utilisée verra proportionnellement sa batterie se dégrader de manière plus importante) ou encore le recours plus ou moins fréquent à la charge rapide. Également, la conception intrinsèque de la voiture joue : si la Tesla Model S s'en tient au 2,3% de dégradation moyens, la Nissan Leaf dépourvue de système de gestion thermique actif voit sa capacité s'éroder de 4,2% chaque année en moyenne. La batterie semble être d'autant moins un problème que les réseaux sont formés à intervenir de manière de plus en plus ciblée. Au lancement du Mitsubishi Outlander hybride rechargeable, les ateliers de la marque ne pouvaient pas toucher à la batterie. En cas de problème, ils devaient l'isoler du circuit électrique, l'extraire de la voiture sans l'ouvrir pour l'envoyer au Japon. Deux ans plus tard, nouvelle formation du réseau : cette fois, elle consistait à savoir ouvrir le pack batterie pour diagnostiquer le module défaillant et remplacer uniquement celui-ci, avant de rééquilibrer les charges électriques. On peut imaginer que, à l'avenir, les mécaniciens se transformeront en électriciens, au point peut-être de pouvoir remplacer une unique cellule défaillante, diminuant d'autant les coûts de maintenance. Ce n'est donc probablement pas à cause de leur mécanique, plus simple (pas de vidange, de bougie, de système de dépollution, d'accessoires...) que les voitures électriques partiront au rebut. Mais l'ensemble des systèmes embarqués ne leur laisse pourtant pas plus d'espoir d'une longue durée de vie qu'une voiture thermique.

UN RECYCLAGE ENCORE À SES BALBUTIEMENTS

Diminuer l'impact environnemental d'une voiture passe par son recyclage. Même si, selon Lucien Willemin, cela ne permet pas de s'absoudre, le processus étant bourré d'énergie grise, « le recyclage arrive trop tard, les dégâts ont déjà été faits. » Aujourd'hui, le recyclage automobile est rigoureusement encadré et réglementé : l'exigence européenne impose que 95% de la masse de la voiture soient retraités. Chez les grands industriels du recyclage automobile, cette proportion monte à près de 99%, grâce à des installations énormes et très sophistiquées. Ce qui signifie que, pour chaque voiture qui part à la casse, il reste entre 10 kg et 100 kg de déchets qui ne peuvent être traités, qui sont donc broyés et enfouis dans des décharges spécialisées. Voilà pour une voiture standard. Les batteries des modèles électriques ou hybrides ne rentrent pas dans ce calcul : celles-ci doivent être retirées de la voiture, avant d'être traitées séparément. Pour elles, la loi est beaucoup plus souple, avec une exigence de recyclage de seulement 50% ! Si le statu quo demeure concernant ce critère, on imagine vite la montagne de déchets non traités que cela peut engendrer : car si la quantité de batteries à traiter par la filière s'est limitée à 15 000 tonnes en 2019, cela ne va pas durer, avec l'essor des ventes. Christel Bories, présidente du Comité stratégique de filière mines et métallurgie estime ainsi que cette quantité pourrait passer à 50 000 tonnes en 2027 et 700 000 tonnes en 2035.

Heureusement, les spécialistes du recyclage des batteries, comme la SNAM (Société nouvelle d'affinage des métaux), excèdent déjà ces faibles exigences et revendiquent un taux de recyclage aux environs de 70%. Une bonne part du reliquat est brûlée, pour fournir de l'énergie, et il reste une proportion de 2%, qui doit être enfouie. Le processus n'est évidemment pas neutre. Il est par exemple nécessaire de passer les cellules dans des fours à pyrolyse dont la température dépasse les 500°C pour en séparer les divers éléments. Puis il convient de les affiner par divers procédés mécaniques et chimiques, avant de retrouver des matières premières qui pourront être réutilisées, en particulier pour la fabrication de nouvelles batteries. Aujourd'hui, la filière du recyclage des batteries de voitures électriques n'en est qu'à ses débuts, et elle n'est pas rentable. Mais le coût des matières premières fait que, très vite, l'activité pourrait générer des bénéfices.

Une autre problématique concernant le recyclage est liée à l'accélération du renouvellement des voitures. Nous avons évoqué déjà plusieurs fois les incitations et injonctions à renouveler sa voiture plus vite que prévu. Un des leviers concerne, en France, la prime à la conversion, versée par l'administration pour l'achat d'un véhicule jugé peu polluant à la condition d'en envoyer un ancien à la casse. Le succès de ce dispositif fiscal a été à la hauteur des espérances... Au point de saturer les usines de retraitement. Selon Reporterre, qui s'appuie sur un rapport de l'ADEME, la prime à la conversion a entraîné la mise à la casse de 250 000 véhicules supplémentaires en 2018 et 350 000 en 2019. Cela a entraîné une nécessaire augmentation des cadences dans les usines de retraitement, et donc une légère baisse du taux de recyclage, alors que les arrivées de matériaux ont fortement augmenté. Résultat : une hausse de 89% des déchets enfouis entre 2018 (86 245 tonnes) et 2016 (45 610 tonnes). Preuve que, avant de recycler prématurément, il vaut mieux tenter d'allonger la durée de vie au maximum.

Certaines pistes existent toutefois pour le réemploi des batteries sans passer par la case démantèlement. Ainsi, des accumulateurs qui n'auraient plus un pourcentage d'efficacité suffisant pour une voiture seraient encore valables pour une installation domestique, reliés par exemple à des panneaux solaires pour diminuer la demande sur le réseau et s'approcher de domiciles autosuffisants en énergie. Dans une autre optique, la SNAM a lancé en 2017 le projet Phenix, encore au stade expérimental, dont le but est d'aboutir à des batteries fabriquées à partir de cellules de seconde vie.

RÉTROFIT : L'UPCYCLING À L'ÉCHELLE DE L'AUTOMOBILE

L'upcycling, c'est adapter de nouvelles technologies sur un produit existant, pour lui offrir de nouvelles fonctions et lui donner une seconde vie. En automobile, le rétrofit en est un exemple parfait. Cette pratique, qui consiste à remplacer le moteur thermique d'une vieille voiture par un autre, électrique, a été mise sous les feux de la rampe de la manière la plus glamour qui soit, lors de l'union du prince Harry et de Meghan Markle. Car les jeunes mariés ont quitté la chapelle de Windsor à bord d'une Jaguar Type E électrique, convertie par les ateliers du constructeur de Coventry. Mais ce qui est possible au Royaume-Uni, où les libertés d'homologation des véhicules sont importantes, l'est nettement moins en France. Il a fallu attendre le 3 avril 2020 pour qu'un décret paraisse au *Journal Officiel*, encadrant la pratique. Pour être converti à l'électricité, un véhicule doit être âgé de plus de cinq ans, ce qui évite de jeter à la poubelle des moteurs trop récents, qui seraient encore bons à la tâche. La puissance du nouveau moteur ne doit pas être supérieure à celle de l'ancien et la répartition des masses doit rester similaire, ce qui permet de garantir la sécurité du comportement routier. Face à ce marché naissant, plusieurs start-up se sont lancées sur le créneau, réunies au sein de l'AIRe (Acteurs de l'industrie du rétrofit électrique). La plupart d'entre elles proposent de convertir des voitures anciennes et se spécialisent chacune sur un ou quelques modèles précis, car toute transformation, spécifique à un modèle, doit passer par une homologation dont le coût est assez élevé (20 000 € à 30 000 € pour les seuls frais de certification, sans compter les éléments à fournir pour les essais destructeurs, destinés à vérifier la sécurité du montage). Résultat : les prix sont élevés. La société Ian Motion propose ainsi une Austin Mini électrifiée à 40 000 €... alors même qu'on peut trouver un exemplaire d'origine en bon état mécanique et cosmétique à 10.000 €.

Mais qu'en est-il du bénéfice écologique réel de ces transformations ? « On estime que la conversion d'une voiture permet d'économiser plusieurs tonnes de CO_2 par rapport au fait d'envoyer une voiture au rebut et d'en acheter une neuve », se félicite Roland Schaumann, fondateur de Ian Motion. Mais sur les voitures de collection qui représentent aujourd'hui la majorité des prototypes, le bilan est plutôt nul, voire négatif. Car selon une étude de la FFVE (Fédération française des véhicules d'époque), un collectionneur roule en moyenne... 1300 km chaque année avec sa voiture ancienne ! Avec des kilométrages aussi faibles, il semble totalement illusoire de vouloir compenser par une moindre pollution à l'usage celle générée par la fabrication de la batterie et du nouveau moteur. Sans compter la perte d'authenticité de la voiture, qui fera baisser sa valeur sur le marché de la collection : une voiture ancienne s'achète aussi pour sa mécanique, il y a fort à parier qu'une Porsche 911 dont le six-cylindres à plat a été remplacé par un moteur électrique verra sa cote fondre. Un peu comme si on changeait les tiroirs d'une commode Louis XVI authentique. Bref, ces conversions très chères ne sont rentables ni pour l'environnement ni pour le client. Elles ne pourront séduire qu'une petite frange d'amateurs fortunés, attirés par l'envie de rouler au quotidien dans un objet d'allure vintage, y compris dans les centres-villes interdits aux modèles anciens. Selon Arnaud Pigoudines, fondateur de Retrofuture, « il ne s'agit là que d'une niche qui permet d'attirer l'attention sur notre activité. Le vrai marché, c'est celui des utilitaires. » En effet, un fourgon utilitaire est souvent un outil personnalisé par un artisan, avec un aménagement fignolé pour répondre parfaitement à ses besoins et habitudes de travail. Le professionnel aura tout intérêt à changer le moteur plutôt que son outil de travail complet. Une autre hypothèse concerne celle de transformations en grande série, sur la base de voitures économiques. C'est le créneau choisi par Transition One, qui prend pour base des modèles très répandus, comme les Renault Twingo 2 et Fiat 500. Son fondateur, Aymeric Libeau, espère produire 100 000 kits de transformation en cinq ans, adaptables en quatre heures et vendus 5000 € après aide gouvernementale. L'idée est de pallier le manque d'offres de voitures électriques sur le marché de l'occasion en proposant des modèles abordables, ce qui colle sans doute le plus à l'esprit du décret gouvernemental. C'est aussi avec ce type d'application que l'on peut imaginer un véritable bénéfice écologique, en évitant le recours à la prime à la conversion. Mais la pénurie sur le marché de l'occasion durera-t-elle longtemps avec l'augmentation des ventes de voitures électriques neuves, qui débarqueront massivement et simultanément en fin de contrat de location ? Surtout, y a-t-il réellement un marché pour des transformations qui coûtent plus cher que la voiture qui sert de base ? Car il n'est pas sûr que sa valeur en soit augmentée d'autant. Le rétrofit est une idée intéressante, mais qui suscite aujourd'hui plus de questions qu'elle n'en résout.

CHAPITRE 10

PERSPECTIVES D'AVENIR

Nous n'avons cessé de montrer, au cours des pages de ce livre, que la voiture électrique n'est pas la solution écologique miracle que l'on nous promet. De plus, nous avons vu aussi qu'en voulant opérer une transition à marche forcée et sans attendre que les technologies soient au point, nous arrivons à des situations contre-productives, génératrices de pollution. Il faut donc préconiser une transition plus rationnelle respectant des calendriers technologiquement tenables, afin que les solutions explorées dans les bureaux d'études parviennent à maturité. Voici les principaux exemples.

LE PERFECTIONNEMENT DE LA VOITURE ÉLECTRIQUE

Nous l'avons vu, la voiture électrique, si elle n'est pas parfaite, est une piste prometteuse à condition que l'électricité qu'elle utilise soit produite de la manière la moins polluante possible. La marge de progrès semble énorme. Alors que la voiture thermique est passée en un peu plus d'un siècle de l'âge de pierre au moyen de transport très abouti que l'on connaît aujourd'hui, la voiture électrique a stagné. Les avancées ont été bien plus flagrantes ces dix dernières années qu'entre la Jamais Contente de 1899 et la Nissan Leaf de 2011 ! Il n'y a pourtant pas eu de révolution technologique, simplement de l'amélioration incrémentale. Le talon d'Achille de la voiture électrique aujourd'hui, c'est sa batterie. Et c'est évidemment vers elle que convergent les plus belles promesses d'amélioration.

La nouvelle technologie la plus imminente semble être celle des batteries dites « solides ». Ce dernier qualificatif concerne leur électrolyte, c'est-à-dire le milieu dans lequel naviguent les électrons lors d'une charge ou une décharge. Sur les batteries au lithium d'aujourd'hui, il est à l'état de liquide ou de gel. C'est lourd, et d'une température instable, ce qui est à l'origine de risques d'incendie. Cela nécessite de limiter la puissance de charge des batteries et d'implanter de complexes systèmes de refroidissement. Dans une batterie solide, les deux électrodes (anode et cathode) seraient cette fois séparées par d'autres types de matériaux semi-conducteurs capables d'assurer le mouvement des électrons. On parle de polymères spécifiques ou d'oxydes. L'Institut Fraunhofer, en Allemagne, estime que la piste d'une céramique composée de sodium, de zirconium et de phosphate serait la plus prometteuse. Non seulement parce qu'elle assure une bonne conductivité mais aussi parce que ses composants se trouvent abondamment dans l'écorce terrestre, y compris en Europe, ce qui limite le recours à des importations de matières premières. Le lithium, quant à lui, demeure au cœur de la réaction, car il s'agit là de l'élément stable capable d'échanger le plus facilement ses électrons. Il n'empêche. Si la batterie solide est sur toutes les lèvres, elle n'a pas encore quitté les laboratoires. Un des principaux problèmes concerne l'apparition de dendrites : en passant d'une électrode à l'autre, les ions de lithium peuvent s'accumuler de manière imprévisible, formant des pointes sur les électrodes, à même de court-circuiter les cellules ou même de les transpercer. Voilà pourquoi cette technologie, dont l'apparition est jugée imminente par certains, est encore à l'état de prototype. La marque Fisker, revenue d'outre-tombe il y a quelques mois, annonçait ce type de batterie pour son SUV Ocean, promis pour fin 2022. Fin février 2021, le constructeur américain devait finalement renoncer et se rabattre sur une technologie plus classique, comme l'a expliqué le PDG Henrik Fisker à The Verge. « Nous avons passé beaucoup de temps, plusieurs années, à faire des recherches sur les batteries à semi-conducteurs. Et c'est une sorte de technologie où, quand vous vous sentez arriver à 90% du développement, vous y êtes presque, jusqu'à ce que vous vous rendiez compte que les 10 derniers pourcents sont beaucoup plus difficiles à atteindre que les 90 premiers. Nous avons donc complètement abandonné les batteries à semi-conducteurs à ce stade parce que nous ne les voyons tout simplement pas se matérialiser. » Quasiment au même moment, le jeune constructeur Rivian annonçait vouloir lancer une équipe de recherche en ouvrant une antenne à Palo Alto, en pleine Silicon Valley, dans l'espoir d'embaucher des talents dans le domaine. Le constructeur qui semble avoir touché du doigt le plus près cette technologie est Dyson. Grâce à ces batteries, son SUV mort-né, dont le nom de code était N526, annonçait une autonomie de 960 km. Dans le même espace en effet, il est possible d'installer plus de capacité qu'avec une batterie au lithium classique, grâce à une meilleure densité énergétique (450 Wh/kg contre 250 Wh/kg). Les Britanniques n'ont pas annoncé de durée de charge, mais celle-ci aurait sans doute été plus faible que n'importe quelle concurrente, grâce à une moindre sensibilité à l'échauffement qui est la principale promesse de cette technologie. À l'heure où nous écrivons ces lignes, il est impossible de savoir le stade atteint par les recherches de Dyson. Les batteries solides se retrouveront-elles bientôt dans les aspirateurs de la marque ? La société a-t-elle atteint un niveau de maturité technologique suffisant pour en revendre les brevets à d'autres constructeurs, et ainsi tenter de récupérer les sommes colossales englouties dans le projet ?

Mystère. Parmi les sociétés qui développent cette technologie, les Chinois de Qing Tao Energy Development ont déjà annoncé avoir lancé une ligne de production, alors que les Américains de QuantumScape touchent au but. Au point que les dernières avancées semblent avoir décomplexé Volkswagen, partenaire de cette dernière société. Le constructeur allemand a en effet annoncé pour 2026 son modèle haut de gamme « Trinity », dont la charge serait aussi rapide qu'un plein d'essence. Grâce justement à cette technologie ? Parmi les grands constructeurs, Toyota est également sur les rangs. Si le constructeur japonais, dubitatif depuis longtemps concernant la voiture électrique, communique sur cette technologie, c'est qu'elle semble à même de résoudre une bonne part des problèmes liés à l'usage.

Une autre piste de développement concerne cette fois l'anode (électrode du pôle négatif d'une cellule de batterie). Dans l'immense majorité des batteries d'aujourd'hui, elle est composée de graphite, une structure minérale composée d'atomes de carbone. Celle-ci pourrait à l'avenir être remplacée par du graphène, une autre structure minérale cristalline à base de carbone, proche de celle du diamant. Cette organisation cristalline permet une meilleure circulation des électrons au niveau de l'anode, jusqu'à assurer une conductivité 400 fois supérieure à celle du graphite. Voilà qui permet de grandement accélérer la vitesse de charge, tout en éliminant les problèmes de surchauffe, au bénéfice de la durée de vie des cellules. Si le graphène a été synthétisé pour la première fois en laboratoire en 2004, les applications pratiques peinent à voir le jour. Ce sont les fabricants de smartphones qui semblent aujourd'hui les plus avancés. Samsung serait le plus en avance, suivi par Huawei. Dans le monde de l'automobile, seul le constructeur chinois GAC a communiqué sur le sujet, avec un prototype qui a accepté une charge de 0% à 80% en 8 minutes. Son coût de production serait faible, grâce au procédé de fabrication adopté par GAC. En attendant, le SUV Aion V qui a servi de base à ce prototype sera dans un premier temps commercialisé avec une batterie au lithium traditionnelle.

L'HYDROGÈNE

Sur le papier, la voiture à hydrogène cumule l'avantage de la voiture électrique, avec aucune émission à l'échappement, et celui de la voiture thermique, avec un plein effectué en quelques minutes. Plusieurs constructeurs automobiles, ainsi que des acteurs privés de la filière, planchent sur le sujet de la pile à combustible à hydrogène depuis plusieurs décennies. Un grand pas vers la concrétisation a été franchi à l'été 2020, lorsque la Commission européenne a chiffré ses ambitions. Bruxelles espère ainsi voir l'hydrogène représenter 12% à 15% du mix énergétique à l'horizon 2050. Ce qui signifie augmenter sensiblement la production de ce gaz vecteur d'énergie, encore balbutiante aujourd'hui. L'ambition européenne est de 6 GW en 2024 et 40 GW en 2030. Cela nécessiterait des investissements entre 180 et 470 milliards d'euros d'ici à 2050, pour lancer la filière, avec notamment la mise en place d'électrolyseurs de taille plus importante, pour en améliorer le rendement.

Le rendement, justement, est un des points noirs de la production d'hydrogène. Une voiture à hydrogène n'est en fait rien d'autre qu'une voiture électrique qui embarque sa propre centrale électrique, la pile à combustible. Et l'hydrogène contenu dans le réservoir peut finalement être considéré comme un simple moyen de stocker l'électricité. Comme sur un modèle à batterie, c'est en effet un moteur électrique qui entraîne les roues. Mais alors que, dans une voiture électrique traditionnelle, cette électricité ne subit que peu de transformations de la centrale à la roue, la chaîne apparaît bien plus complexe dans le cas d'une voiture à pile à combustible. En effet, l'électrolyse de l'eau (procédé qui consiste à casser la molécule d'eau pour donner comme produits de l'oxygène et de l'hydrogène) est suivie de l'opération inverse au sein de la voiture, avec à chaque fois des pertes d'énergie. De quoi obtenir un rendement énergétique total de seulement 35% à 40%, tout à fait comparable à celui d'un moteur thermique et environ deux fois inférieur à celui d'un modèle électrique à batterie.

Les progrès rapides des voitures électriques à batterie pourraient retarder l'avènement de la voiture à pile à combustible. Ainsi, Daimler estime que la voiture à pile à combustible demeurera éternellement plus chère que celle à batterie. Au point d'abandonner la commercialisation de son SUV Mercedes-Benz GLC F-Cell et ne plus uniquement développer cette technologie que pour les poids lourds. Pourtant, un plein effectué en trois minutes environ pour récupérer une autonomie de 500 km est à même de séduire les automobilistes. Voilà pourquoi Toyota et Hyundai y croient, au point de déjà commercialiser des modèles, respectivement les Mirai et Nexo. Mais ces modèles sont pour l'instant vendus entre 68 000 € et 80 000 €, de quoi décourager les plus fervents partisans de cette technologie. Pour diminuer les prix, il faudra certes diminuer la quantité de platine, métal précieux qui sert de catalyseur au sein de la pile à combustible. Aussi, la technologie de pointe pour la fabrication des membranes utilisées dans les cellules se paie cher. Enfin, stocker l'hydrogène sous une pression de 700 bars réclame des réservoirs ultra-résistants (et non recyclables), composés chacun de 40 kg de fibre de carbone, un matériau encore coûteux. Et le kilogramme d'hydrogène est encore cher : facturé 11 €, il permet de parcourir à peine 80 km. Cela rend la voiture à pile à combustible plus coûteuse à l'usage qu'une voiture à essence.

Également, le réseau de distribution est balbutiant, avec seulement huit stations en France capables de délivrer de l'hydrogène sous une pression de 700 bars. La situation devrait s'améliorer en Ile-de-France, grâce à la compagnie de taxis Hype, qui annonce une flotte de 600 taxis à hydrogène pour fin 2021, ce qui nécessitera l'implantation de nouvelles infrastructures. La situation est déjà plus avancée en Norvège, avec le réseau HyNor qui maille le sud du pays, composé de stations équipées de leur propre électrolyseur alimenté par des panneaux solaires, permettant de limiter l'impact écologique de la production de ce gaz. Là encore, il faut prendre garde à comment est produit l'hydrogène, qui doit être un subtil équilibre entre coût et impact écologique. Aujourd'hui, tout reste à faire : la production de ce gaz est pour l'instant issue à 96% de vaporeformage de combustibles fossiles. L'hydrogène « vert » ne pourra être viable que dans le cadre d'une consommation de grande ampleur. Il ne faut pas non plus oublier que le compresser à 700 bars n'est pas neutre, et que maintenir ce carburant à une température de - 253°C, pour le transporter plus facilement à l'état liquide, réclame également de l'énergie. Bref, la voiture à pile à combustible, présentée comme l'autre solution d'avenir avec la voiture électrique, est également un chantier colossal pour devenir un bénéfice pour la planète.

LE MOTEUR THERMIQUE ET LES CARBURANTS DE SYNTHÈSE

Et si, malgré tout ce qu'on lui reproche, le bon vieux moteur thermique n'avait pas dit son dernier mot ? Les ingénieurs motoristes continuent à le perfectionner, à développer des technologies permettant de réduire sa consommation, et donc ses émissions polluantes. Électrification, coupure automatique du moteur au lever de pied, systèmes de roue libre, moteur essence à allumage par compression en mélange pauvre, taux de compression variable, systèmes de désactivation de cylindres... voilà autant de solutions techniques, déjà largement diffusées ou encore en cours de développement, qui vont permettre de grappiller des litres de carburant et des grammes de CO_2.

Le moteur lui-même n'est pas la seule piste d'amélioration. Le carburant qu'il ingurgite en est une autre. Le cas de l'éthanol est intéressant : il est réalisé à partir de végétaux qui auraient de toute manière rejeté du CO_2 dans l'atmosphère en se dégradant, ce qui n'est pas le cas du pétrole. La solution n'est malheureusement pas aussi simple, parce que la production d'éthanol réclame aujourd'hui la mise en place de cultures, nécessairement énergivores. De plus, ces cultures nécessaires à la fabrication du carburant sont accusées d'entrer en concurrence avec des cultures alimentaires (betterave sucrière, notamment). Mais une deuxième génération d'agrocarburants est sur le point d'émerger. Le principe BTL (Biomass To Liquid) consiste à utiliser les déchets agricoles ou de la biomasse (algues, par exemple) pour produire du carburant. Il ne présente donc aucun risque de pression financière sur les cours des denrées alimentaires et de concurrence sur les terres. Et son bilan CO_2

depuis l'extraction jusqu'à la combustion serait très intéressant, avec un gain de 90% par rapport à un carburant traditionnel.

Une autre manière de fabriquer un carburant de synthèse est de piéger le CO_2 contenu dans l'air, pour le combiner à de l'hydrogène issu de l'électrolyse de l'eau. On parle de « e-carburant ». Ainsi, le CO_2 rejeté à l'échappement serait celui utilisé pour la fabrication du carburant. Globalement, le bilan est donc neutre... À première vue ! Car l'éminente revue *Science* a souligné que ce procédé réclamait environ dix fois plus d'énergie que l'extraction du pétrole. Un argument que les acteurs de la filière balaient, avançant que l'énergie nécessaire à la fabrication du carburant en question pourrait être issue de sources renouvelables. Siemens Energy, qui planche sur le sujet avec le concours de Porsche, utilise ainsi l'électricité des éoliennes chiliennes, parmi les plus productives au monde, pour alimenter les électrolyseurs nécessaires à fabriquer ce « e-carburant ». Pour l'instant, ni Siemens Energy ni Prometheus Fuel, qui travaille avec BMW à un projet similaire, n'annoncent le rendement de la production de leur carburant, à un stade encore trop expérimental. Michael Steiner, membre du Directoire de Porsche en charge de la recherche et du développement, se veut toutefois optimiste : « À terme, l'Allemagne va devoir importer de l'énergie verte pour répondre à sa consommation nationale. L'énergie verte se produit massivement, donc à bon marché, là où il y a du soleil et du vent en abondance. L'Allemagne pourrait ainsi remplacer une part de ses importations d'énergie fossile par du méthanol renouvelable (e-carburant). » Il reste à baisser le prix de ce carburant : son coût est estimé en 2030 à 1,50 € le litre hors taxes, soit le double de l'essence. Le seuil de 1 € est visé à l'horizon 2050.

UNE SOCIÉTÉ À RÉORGANISER

Les problématiques de pollution liées à l'automobile ne s'arrêtent pas seulement à l'automobile en elle-même. Elles sont également un problème de société. Les restrictions de circulation dans les grandes villes sont à l'origine d'une véritable fracture sociale, à même d'exclure les personnes n'ayant pas d'autre moyen de déplacement adapté pour leurs trajets quotidiens. Ce n'est pas par plaisir que les travailleurs s'engluent chaque matin et chaque soir dans les embouteillages, mais par obligation. La crise sanitaire a laissé entrevoir que d'autres organisations seraient possibles, en mettant en avant le télétravail comme une solution viable pour de nombreux métiers. Plutôt que de restreindre le citoyen par de violentes restrictions de circulation, pourquoi ne pas le soulager du besoin de se déplacer ? Le déplacement qui émet le moins de polluants est le déplacement qui n'a pas lieu !

Dans le même ordre d'idées, le déchet qui ne pollue pas est le déchet qui n'a pas été produit. Vouloir augmenter le rythme de renouvellement des voitures est à l'opposé du principe de développement durable. Les primes à la conversion gouvernementales, tout comme les offres de leasing mises en avant par les constructeurs, sont des inepties écologiques. Il faut considérer l'automobile au-delà de son statut d'objet, comprendre les nombreuses implications qu'elle a dans l'économie et la société. Raisonner son usage et son renouvellement serait, à n'en pas douter, plus bénéfique pour l'environnement qu'exiger une transition accélérée vers d'autres technologies non abouties.

CONCLUSION

La voiture électrique ne sera jamais une voiture propre. Déculpabiliser celui qui roule à l'électricité et jeter l'opprobre sur celui qui reste fidèle à son moteur à explosion est un raisonnement binaire. Surtout aujourd'hui. Certes, la voiture électrique est une piste intéressante pour réduire à l'avenir les émissions de gaz à effet de serre, mais l'état actuel de cette technologie n'est pas abouti, comme nous avons pu le voir. Vouloir aller plus vite que le progrès a des effets pervers. La transition à marche forcée initiée par les réglementations européennes risque d'être contre-productive et elle ne repose sur rien d'autre que l'idéologie écologiste. Pascal Canfin, président de la commission environnement du Parlement européen, souhaite sans détour la mort des moteurs thermiques, comme il l'a déclaré en mars 2021. « Le standard de CO_2 sera tellement strict que, en l'état actuel des technologies et des anticipations sur les technologies thermiques essence et diesel, les motorisations ne pourront pas respecter le nouveau standard. » L'arrivée des futures normes Euro 7 en 2025, dont les seuils d'émission doivent encore être discutés, pourrait accélérer l'affaire. Le tout ne repose, évidemment, que sur les émissions de gaz d'échappement, une vision très parcellaire de l'impact écologique d'un véhicule.

Pourquoi le principe de neutralité technologique (ne pas favoriser un type de motorisation par rapport à une autre), prôné dans un rapport parlementaire présenté par Delphine Batho à l'Assemblée nationale en octobre 2016, a-t-il disparu des débats ? Pourquoi cette idéologie de vouloir tuer le moteur thermique sur la base d'un bilan incomplet ? Pourquoi ne pas admettre que la multiplicité des solutions est elle-même une solution ?

Cette marche forcée se heurtera à n'en pas douter obligatoirement à la réalité économique et sociale. Ce sont des problématiques liées à l'automobile (prix des carburants et baisse de la limitation de vitesse à 80 km/h sur route) qui ont mis le feu aux poudres et initié la crise des Gilets jaunes. Qu'en sera-t-il lorsque les problématiques deviendront bien plus importantes, avec des interdictions de circuler ou la volonté de forcer les automobilistes à acheter un moyen de locomotion qui ne répond pas à leurs besoins ? Qu'adviendra-t-il de l'industrie automobile si les consommateurs, insatisfaits par les nouveaux modèles proposés, refusent de les acheter et décident donc de garder leurs vieux véhicules ou de n'acheter que des modèles d'occasion ? Ces réponses, seul l'avenir les apportera. Il est à espérer que les pouvoirs publics deviennent plus clairvoyants afin d'éviter des conséquences sociales, économiques et politiques graves.